H. Möllmann

Landser im Weltkrieg 9

Zu Lande und zu Wasser – Dieutsche Gebirgsjäger

und Zerstörer der Marine im Kampf um Narvik

EK-2 Militär

ÜBER DIE REIHE
LANDSER IM WELTKRIEG

Jeder Band dieser Romanreihe erzählt eine fiktionale Geschichte, die vor dem Hintergrund realer Ereignisse und Schlachten im Zweiten Weltkrieg spielt. Im Zentrum der Geschichte steht das Schicksal deutscher Soldaten.

Wir lehnen Krieg und Gewalt ab. Kriege im Allgemeinen und der Zweite Weltkrieg im Besonderen haben unsägliches Leid über Millionen von Menschen gebracht.

Deutsche Soldaten beteiligten sich im Zweiten Weltkrieg an fürchterlichen Verbrechen. Deutsche Soldaten waren aber auch Opfer und Leittragende dieses Konfliktes. Längst nicht jeder ist als glühender Nationalsozialist und Anhänger des Hitler-Regimes in den Kampf gezogen – im Gegenteil hätten Millionen von Deutschen gerne auf die Entbehrungen, den Hunger, die Angst und die seelischen und körperlichen Wunden verzichtet. Sie wünschten sich ein »normales« Leben, einen zivilen Beruf, eine Familie, statt an den Kriegsfronten ums Überleben kämpfen zu müssen. Die Grenzerfahrung des Krieges war für die Erlebnisgeneration epochal und letztlich zog die Mehrheit ihre Motivation aus dem Glauben, durch ihren Einsatz Freunde, Familie und Heimat zu schützen.

Prof. Dr. Sönke Neitzel bescheinigt den deutschen Streitkräften in seinem Buch »Deutsche Krieger« einen bemerkenswerten Zusammenhalt, der bis zum Untergang 1945 weitgehend aufrechterhalten werden konnte. Anhänger des Regimes als auch politisch Indifferente und Gegner der

NS-Politik wurden im Kampf zu Schicksalsgemeinschaften zusammengeschweißt.

Genau diese Schicksalsgemeinschaften nimmt »Landser im Weltkrieg« in den Blick.

Bei den Romanen aus dieser Reihe handelt es sich um gut recherchierte Werke der Unterhaltungsliteratur, mit denen wir uns der Lebenswirklichkeit des Landsers an der Front annähern. Auf diese Weise gelingt es uns hoffentlich, die Weltkriegsgeneration besser zu verstehen und aus ihren Fehlern, aber auch aus ihrer Erfahrung zu lernen.

Nun wünschen wir Ihnen viel Lesevergnügen mit dem vorliegenden Werk.

Ihre Zufriedenheit ist unser Ziel!

Liebe Leser, liebe Leserinnen,

zunächst möchten wir uns herzlich bei Ihnen dafür bedanken, dass Sie dieses Buch erworben haben. Wir sind ein kleines Familienunternehmen aus Duisburg und freuen uns riesig über jeden einzelnen Verkauf!

Unser wichtigstes Anliegen ist es, Ihnen ein angenehmes Leseerlebnis zu bieten.

Damit uns dies gelingt, sind wir sehr an Ihrer Meinung interessiert. Haben Sie Anregungen für uns? Verbesserungsvorschläge? Kritik?

Schreiben Sie uns gerne: info@ek2-publishing.com

Nun wünschen wir Ihnen ein angenehmes Leseerlebnis!

Heiko und Jill von EK-2 Militär

Zu Lande und zu Wasser

Anfang April 1940. Ein sonniger Nachmittag breitet sich über einem Nordseehafen aus. An der Pier liegen mehrere Zerstörerdivisionen, im Hafenbecken auf der anderen Seite des Kais Überseedampfer und Kriegshilfsschiffe, die vor einer Ausreise stehen oder von ihr zurückgekommen sind. Der Rhythmus der Arbeit klingt von überall her, auch von den Zerstörern, deren schlanke, graue Leiber träge in dem schmutzig-gelben Wasser des Hafens liegen

»Es ist 16.30 Uhr, Herr Bootsmaat«, meldet auf einem der Boote der Läufer dem Bootsmannsmaaten der Wache. Der nimmt seine Pfeife aus dem Mund, geht durch alle Decks und pfeift den beliebtesten Befehl an Bord: »Ausscheiden mit Dienst, klar Deck überall!«

Die Backschafter eilen zur Kombüse und holen den Kaffee. Bei den Kuttergasten tauscht Werner Pollak noch schnell einige Zigaretten ein und holt dann aus seinem Spind den blauen Anzug hervor, um an Land zu gehen. Ein prüfender Blick in den Spiegel und über das Ausgehpäckchen, dann steigt er zum Bootsmaat der Wache, verfolgt von den Scherzrufen seiner Kameraden. Er empfängt seine Urlaubskarte, meldet sich von Bord und geht die Stelling hinunter zu den drei anderen Kameraden, die schon in einiger Entfernung auf ihn warten. Herzlich schütteln sie sich die Hände. Sie kennen sich seit langen Jahren aus ihrer Brandenburger Heimat. In einer Gefolgschaft der Marine-Hitler-Jugend haben sie gemeinsam Dienst getan und sind dort gute Freunde geworden.

Damals hatten sie schon den Entschluss gefasst, ihrer Wehrpflicht bei der Kriegsmarine zu genügen und sich dort als Freiwillige zu melden. Nach Jahren folgte diesem Entschluss die Tat, und nach der Ableistung ihrer Arbeitsdienstzeit wurden sie Flottenrekruten in einer Schiffsstammabteilung der Kriegsmarine.

Die Monate ihrer militärischen Allgemeinausbildung waren hart, sie bildeten aber die Grundlage ihres weiteren soldatischen Dienstes. Hatten die vier schon das Glück, gemeinsam in einer Schiffsstammabteilung dienen zu können, so waren sie noch freudiger überrascht, als sie auf verschiedene neu in Dienst zu stellende Zerstörer kommandiert wurden.

Als sich das politische Unwetter immer mehr zusammenzog, das letztlich im Krieg zwischen dem Deutschen Reich und Polen mündete, fuhren die vier schon auf verschiedenen Booten der Zerstörerdivisionen zur See und waren im Borddienst gewandt und erfahren. Der Ernst des Krieges war schon an sie herangetreten, als sie auf mehreren Feindfahrten im Handelskrieg oder beim Minenlegen an der englischen Küste mit ihren Einheiten an Unternehmungen beteiligt gewesen sind, bei denen es um den vollen Einsatz von Boot und Besatzung ging.

Alexander Fischer, der auf dem Führerboot des Führers der Zerstörer, Kapitän zur See und Kommodore Bonte, der *Wilhelm Heidkamp*, fährt, trägt voller Stolz aus seinem Überzieher das schwarz-weiß-rote Band des Eisernen Kreuzes II. Klasse, das ihm nach einer vom Kommodore geführten erfolgreichen Minenunternehmung gegen die englische Westküste verliehen worden ist. Jetzt stehen die vier zusammen und beratschlagen, was an diesem schönen Nachmittag anzufangen sei. Langsam schlendern sie an der Pier entlang, vorbei an den mächtigen Schiffen, die wie geduckt auf dem Sprunge liegen, um zum Vorstoß gegen den Feind auszuholen.

»Mensch, wie lange wir hier bloß noch herumgammeln!«, bricht Gunnar Abrecht das Schweigen, als sie sich von dem Deich noch einmal umwenden und im Schein der tiefstehenden Sonne, die tanzende Lichtflecke auf das breite Wasser des Flusses zaubert, die Zerstörer liegen sehen.

»Davon müssten wir hundert haben!«, antwortet Heinz Daschner.

»Lass nur, mit unseren paar Vögeln haben wir mehr gemacht als die Tommies, die davon den ganzen Stall voll haben!«

»Aber was soll denn jetzt werden?«, fragt wieder Gunnar Abrecht, der auf den letzten in Dienst gestellten Zerstörer kommandiert ist und bisher nur wenige Feindfahrten mitgemacht hat.

»Handelskrieg im Skagerrak ist nicht mehr viel los. Die sind lausig schlau geworden, seitdem wir bei mehreren Unternehmungen dort oben feindliche und neutrale Dampfer mit Bannware aufgebracht haben. Ich weiß es noch von meiner letzten Unternehmung, als wir zwei schwedische Frachtdampfer von 3.700 BRT und ein Motorschiff von 5.600 BRT aufgebracht hatten.

Ein dritter Bobby hatte uns von Weitem bemerkt und war in voller Fahrt in die schwedischen Hoheitsgewässer entwischt. Wir mussten außerhalb der Hoheitsgrenze bleiben und konnten deutlich sehen, wie die Leute auf dem müden Handelsdampfer an der Backbordreling hingen und zu uns herübergrinsten, weil sie uns entgangen waren.

Und mit den Minenunternehmungen ist es jetzt auch bald Essig, weil die Nächte zu kurz sind, als dass wir im Schutz der Dunkelheit bis zur englischen Küste verstoßen könnten, die Eier abwerfen und in der

Nacht noch so weit von der Küste wegkommen, dass das Boot aus der größten Gefahrenzone heraus ist.«

Sie wissen untereinander, was der Einzelne für Unternehmungen gefahren hat, weil sie zum Teil in der gleichen Flottille mitgefahren oder bei anderen Gelegenheiten den Booten entgegengefahren sind, um sie nach einer Unternehmung in Empfang zu nehmen. Oft mussten sie auch mit flauem Gefühl im Magen zusehen, wenn der eine von ihnen mit seinem Boot ablegte und die Fahrt gegen England antrat, während für ihr eigenes Boot nichts anlag. Der Krieg war eben doch kein Abenteuer, wie sie alle zunächst geglaubt hatten. Die Tragik der Realität holte die Seeleute jedes Mal ein, wenn ein Schiff nicht zurückkehrte und die Marine Hunderte Tote und Vermisste zu beklagen hatte.

Selbstverständlich sprechen sie als gute Soldaten nie über die Einzelheiten ihrer Unternehmungen oder unterhalten sich gar mit Außenstehenden darüber. Wie oft schreiben die Eltern, Verwandte oder alte Wegbegleiter aus dem Standort der Marine-Hitler-Jugend an sie, was sie eigentlich auf den Zerstörern machen würden! Im ersten Kriegswinter haben in den Berichten des Oberkommandos der Wehrmacht fast ausschließlich die Taten der U-Bootwaffe Erwähnung gefunden, während keine Angaben über die Zerstörer und ihre Unternehmungen aus Gründen der Geheimhaltung erfolgt sind.

Aber jetzt sind sie doch etwas mutlos. Irgendwelche Aufgaben wird sich das Oberkommando schon ausdenken, wenn die Zerstörer im Augenblick für Handelskrieg und Minenunternehmungen nicht eingesetzt werden.

Sie freuen sich, wenn sie in einem Hafen liegen, keine
Frage, aber wochenlang an der Pier festzuliegen und
nur kleine Erprobungsfahrten in der Helgoländer
Bucht zu machen, sorgt doch dafür, dass ihnen bald
die Kajütendecke auf den Kopf fällt.

Werner Pollak wirft mit seinem unverwüstlichen
Optimismus alle Bedenken beiseite: »Lasst es nur gut
sein. Ich glaube, unsere große Stunde wird in diesem
Krieg erst noch einmal schlagen!« Vor den Kumpanen
musste er natürlich angeben, auch wenn sie alle im
tiefsten Inneren neben der Sehnsucht nach Abenteuer
bisweilen auch die Angst vor der Ungewissheit quälte
– die Furcht vor dem Ertrinkungstod in der eiskalten
Nordsee.

»Dass wir nur an der Pier liegen sollen und nicht voll
eingesetzt werden, das glaube ich im Leben nicht.
Wenn die Geschichte erst einmal richtig losgeht, dann
werden wir uns vielleicht noch einmal umsehen, vielleicht sogar mit Wehmut an die ›Kampfzeit‹ an der
Pier zurückdenken.«

Inzwischen sind die vier an der Zollwache vorbei in
die Stadt gegangen. Ihr Plan ist fertig: in einem Licht-
spieltheater wollen sie sich einen guten Film ansehen,
anschließend zu einer Bierlänge in ein Kabarett steigen. Und was sich dann ergeben würde, könnte man
früh genug sehen …

*

Als ein Tag wie alle anderen bricht der nächste Morgen mit seinem Ausbildungsdienst, dem Reinschiff,
Arbeitsdienst und Unterricht an, und doch scheint
eine besondere Unruhe in die Männer gefahren zu
sein. Die Divisionsoffiziere der beiden seemännischen

10

und der technischen Divisionen haben bekanntgegeben, dass am Nachmittag und auch über Sonntag Urlaubssperre herrsche.

»Es ist also etwas im Busch!«, meint Gunnar Abrecht zu einem Kameraden, mit dem er gerade an der Oberfeldwebelmesse an der achteren Hütte steht und Farbe aufträgt, und zitiert dabei ein geflügeltes Wort des Kommandanten, der mit dem Flottillenchef im Gespräch auf der Pier auf und ab geht. Abrecht dient auf dem Zerstörer *Anton Schmitt*.

Der Vormittag fließt ohne irgendwelche Zeichen besonderer Geschehnisse weg. Am Nachmittag kreuzen Uniformierte vom Sicherheitsdienst des Reichsführers SS auf, Zivilisten streifen durch das Gelände. Diese finsteren Männer, die augenscheinlich in ihrer eigenen Wichtigkeit zu ertrinken drohen, bedeuten selten etwas Gutes! Allmählich spricht sich herum, dass das ganze Hafengelände polizeilich auf das Strengste abgesperrt ist.

»Junge, Junge! Wenn man nur wüsste. wag hier anliegt!«

Die Gespräche an der Back drehen sich um die bevorstehenden Ereignisse. Ähnlich ist es in allen Abteilungen und auch in der Offiziersmesse. Die politischen Verhältnisse haben sich in den letzten 14 Tagen immer mehr zugespitzt. Seit der Beendigung des finnisch-russischen Krieges, in dem sich die Finnen nach beeindruckenden Abwehrleistungen dem übermächtigen Gegner letztlich doch ergeben haben, richten England und Frankreich ihre Blicke nach Norwegen, dem an Einwohnerzahl kleinen skandinavischen Staat, dessen schwache Wehrmacht keineswegs in der Lage wäre, einen ausländischen Übergriff abzuwehren, ganz abgesehen davon, dass die norwegische Regierung und der König dieses Landes ganz offensichtlich im englischen Fahrwasser segeln.

In aller Erinnerung ist noch der Überfall des englischen Zerstörers *Cossack* auf den deutschen Dampfer *Altmark*, der, aus dem Atlantik durch norwegische Hoheitsgewässer nach Deutschland zurückkehrend, im Jøssingfjord von den Engländern geentert wurde. Mit Maschinengewehren überwältigten die Briten die Besatzung der *Altmark*, schossen an Oberdeck und auf die im Wasser schwimmenden oder an Land fliehenden Deutschen, von denen mehrere getötet oder schwer verwundet wurden. Oslo war empört über diesen britischen Streich in norwegischen Hoheitsgewässern, obgleich in der Nähe befindliche norwegische Torpedoboote nicht eingriffen. Die englische Presse und vor allem der englische Ministerpräsident rühmten sich der Enterung der *Altmark*, alle vom Deutschen Reich kontrollierten Presseorgane spuckten Gift und Galle ob des von ihnen als britische Schurkentat bezeichneten Zwischenfalls.

Um solche und ähnliche Fragen drehen sich die Gespräche in den Decks. In ihrer Frontzeitung »... gegen England«, in anderen Tageszeitungen und im drahtlosen Dienst des Rundfunks haben die Männer in den letzten Tagen immer stärker von englischen Absichten gehört, Truppenlandungen in Norwegen vorzunehmen, um einerseits den deutschen Handelsverkehr mit Norwegen zu unterbinden und andererseits eine neue Ausgangsbasis in ihrem Kampf gegen das nationalsozialistische Deutschland zu schaffen. Im Funkraum schaltet der Funker vom Dienst das Radio zum Empfang der Nachrichten ein, die über die Bordanlage mit ihren vielen Lautsprechern überall im Boot zu hören sind. Wieder hagelt es einseitige Berichte über die norwegischen Absichten der Gegner durch. Englische Parlamentarier und britische Zeitungen sprächen offen von der Notwendigkeit, Norwegen in Besitz zu nehmen, um jede Art von Ausfuhr nach Deutschland unmöglich zu machen! Pressestimmen würden ganz unverblümt eine militärische Aktion fordern, falls Norwegen nicht freiwillig ins englisch-französische Bündnis eintrete.

»Passt auf.« Alexander Fischer donnert seine Pranke auf das Eisen der Reling. »Ich sage euch, wir stehen klar, um eine Landung der Tommies in Norwegen zu verhindern! Vielleicht kriegen wir jetzt auch das Schwein von *Cossack* vor die Kanone, um die Rechnung mit der *Altmark* auszugleichen.«

In den frühen Nachmittagsstunden rollen Güterzüge auf die Eisenbahngleise an der Pier. Mehrere Personenzüge folgen, aus denen feldgraue Truppen aussteigen. Wie ein Lauffeuer geht die Nachricht durch alle Boote. *Truppen in feldgrau!* Alles stürzt an Oberdeck oder stellt sich auf die Pier und sieht, wie die Soldaten aussteigen, sich zu Kompanien formieren und anmarschiert kommen. Fragen fliegen hinüber und herüber. So überrascht wie die Seeleute sind auch die Infanteristen, die jetzt an ihrer langen Hose, ihren genagelten Bergschuhen und ihrer Schirmmütze mit de, Edelweiß als Gebirgstruppen auszumachen sind. Sie schauen erstaunt auf die Reihe der Boote zu den ebenso erstaunten Seeleuten und jeder ahnt, dass sich hier etwas ganz Großes vorbereitet. Inzwischen hat es sich herumgesprochen, dass es österreichische Gebirgsjäger einer in Graz beheimateten Division, also zumeist Steiermärker und Kärntener »Joager« sind, die jetzt beginnen, die Güterwagen auszuladen, oder auf der

Pier herumstehen und sich mit den Männern der Zerstörer unterhalten.

In dieser Zeit befinden sich die Kommandanten aller Boote samt und sonders in einer Besprechung mit dem Führer der Zerstörer, Kommodore Bonte. Er hat für den Stoß nach Narvik zehn Zerstörer zu seiner Verfügung: die *Z19 Hermann Künne*, die *Z18 Hans Lüdemann*, die *Z17 Diether von Roeder*, die *Z22 Anton Schmitt*, die *Z11 Bernd von Arnim*, die *Z12 Erich Giese*, die *Z13 Erich Koellner*, die *Z2 Georg Thiele* unter Korvettenkapitän Wolff, die *Z9 Wolfgang Zenker* sowie das Boot, auf dem sich der Kommodore mit seinem Stab einquartiert hat, die *Z21 Wilhelm Heidkamp*.

Bonte unterrichtet die Kommandanten von der bevorstehenden Aufgabe der Besetzung der dänischen und norwegischen Küste als Antwort auf die wiederholten Neutralitätsverletzungen der Engländer, die die Absicht hätten, sich in Skandinavien Stützpunkte zu schaffen.

In allen Einzelheiten ist die Unternehmung ausgearbeitet: Die Zerstörer, die in den letzten Wochen keinen großen Einsatz mehr gehabt haben, werden in dieser Aktion mit der schwierigsten Ausgabe betraut; der Besetzung der nordnorwegischen Stadt Narvik, die als Ausfuhrhafen für die schwedischen Erze ungeheuer wichtig ist. Jeder der für diese Unternehmung bestimmten Zerstörer erhält Gebirgsjäger an Bord, die in Narvik und Bjerkvik anzulanden sind. Innerhalb von 52 Stunden müssen sie unter dem Schutz schwerer Einheiten der Kriegsmarine ihren Vorstoß über die Nordsee, durch die Enge zwischen Bergen und Shetland und über das Nordmeer durchgeführt haben, um Narvik in ihren Besitz zu bringen und den englischen Absichten zuvorzukommen.

Die Kommandanten nehmen schweigend die Anweisungen des Kommodores entgegen, der sachlich und ruhig, aber in voller Erkennung der Schwierigkeit dieser kühnen Ausgabe das Bevorstehende darstellt. Er ist sichtlich stolz auf seine Offiziere, die besonnen reagieren und direkt die richtigen Fragen stellen.

Vermutete Stärke des Feindes zur See und an Lande?

Mutmaßungen über das Verhalten Frankreichs?

Erwartbare Reaktionen Norwegens?

Zur Verfügung stehende Betriebsstoffe? Munition? Verpflegung?

Zum Stolz der Kommandanten, an einer solch geschichtsträchtigen Operation beteiligt zu sein, gesellt sich das dumpfe Gefühl überwältigender Verantwortung, diese große Strecke durch ein vom Feind beherrschtes Seegebiet mit einer großen Zahl seeunerfahrener Gebirgstruppen an Bord zu durchfahren. Manch einen packt gar die Furcht, dies aber offenbart niemand im Kreise der Kameraden. Kann es doch möglich sein, dass sie erneut auf einen größeren, alle Lebensbereiche umspannenden Konflikt zusteuern? Im September hatten das viele schon einmal befürchtet, dann aber erledigte sich der Krieg gegen Polen innerhalb kürzester Zeit und die Westmächte griffen nicht ein. Nun aber versetzten Deutschland, Frankreich, England und andere ihre Schachfiguren erneut in Bewegung. Wer unter den Kommandanten den schrecklichen Weltkrieg mitgemacht hat, der fühlt sich auf unangenehme Weise in den Sommer 1914 zurückversetzt. Manche sinnen auf Rache, andere fürchten um ihre Lieben daheim.

Der Kommodore hat die Gesamtleitung der Operation inne. Auf seinen Schultern wird in den Stunden der Überfahrt die Last der Verantwortung ruhen, mit der

Landung in Narvik auch die deutsche Erzeinfuhr zu sichern beziehungsweise den weiteren Export nach England zu verhindern.

Kommodore Bonte verabschiedet seine Zerstörerkommandanten, die sich an Bord ihrer Boote begeben, um alle Anweisungen über die Einschiffung der Truppen und das Verladen der zahlreichen Geräte zu erteilen.

Am Nachmittag kommt noch mehr Leben in die Pier. Die einzelnen Kompanien der Gebirgsjäger sind auf die Zerstörer aufgeteilt. Die Österreicher, die es nicht gerne hatten, von ihren deutschen Kameraden als »Ostmärker« bezeichnet zu werden, und von denen die meisten zum ersten Mal im Leben deutsche Kriegsschiffe und das hastige Treiben eines großen Hafens sehen, haben mit den Männern der Zerstörer schon Freundschaft geschlossen. Der österreichische Dialekt setzt sich immer mehr durch. Die Seeleute haben den Gebirgsjägern bereits in der ersten Stunde der Begegnung ihren Namen gegeben, der sich auch in ganz kurzer Zeit auf allen Booten durchsetzt und von den Jägern selbst belacht wird: die Kraxlhuber!

*

Immer mehr Güterwagen rollen an, deren Inhalt sich über die Pier ergießt. Gemeinsam beeilen sich Gebirgsjäger und Seeleute, alles in die Boote zu schaffen. Es ist Niedrigwasser, und so müssen Kisten mit Verpflegung, schwere Maschinengewehre, Granatwerfer mit Munition, leichte Gebirgshaubitzen, Motorräder, Säcke mit Kaffee und Hartbrot eine Planke an Deck hinunterrutschen und von dort weiter in den Lasten des Zerstörers verstaut werden. Es folgen Stunden emsiger Arbeit, denn bergeweise häuft sich das Gerät auf der Pier. Nur langsam kann es die engen Niedergänge hinuntergeschafft werden. Schweres Gerät bleibt an Oberdeck.

Marine-Artilleristen und Angehörige der Flak tauchen noch auf, die in einem kleinen Kommando an der Unternehmung teilnehmen. Ein Kran hievt die Lafette eines 2-Zentimeter-Flugabwehrgeschützes und ein Motorrad mit Beiwagen an Bord. Die seemännische Nummer l, der Bootsmann, nimmt sich gewissenhaft aller Dinge an und sorgt dafür, dass vor allem das Gerat an Oberdeck seefest gezurrt wird. Der Wetterbericht verheißt zwar schönes Wetter bei ruhiger Dünung, aber in 52 Stunden ununterbrochener Seefahrt kann schon eine ordentliche Prise Wind aufkommen.

Alexander Fischer hilft fleißig an Bord des Führerbootes vom Kommodore alles zu verstauen. Der Erste Offizier hat in der Zwischenzeit eine Liste aufgestellt und durch die Divisionen alle freie Kojen ermitteln lassen. Auf der Pier treten die Gebirgsjäger an und werden zu kleinen Gruppen in entsprechender Zahl auf das ganze Schiff verteilt. In jede Abteilung kommen so viele Kraxlhuber, wie während des Kriegswachtörns freie Kojen vorhanden sind. So hat jeder Gebirgsjäger eine eigene Hängematte, während die Backbord- und Steuerbordkriegswache in ihrem vierstündigen Wechsel auf See die gleichen Kojen benutzen werden. Trotzdem langt deren Zahl nicht.

In die Offiziersmesse, die Offiziers- und Oberfeldwebelkammern, überall werden noch Gebirgsjäger so einquartiert, dass sie auch während der langen Stunden der Überfahrt die Möglichkeit haben, zu schlafen oder sich auszuruhen. Die Stimmung an Bord schlägt haushohe Wellen. Die Seeleute haben längst den richtigen Umgangston mit den Kraxlhubern gefunden. Es wird geklönt, gelacht, Karten gekloppt und diskutiert, was das Zeug hält. Ein jeder versucht seine Kameraden mit wilden Prognosen über den Verlauf des Krieges zu übertrumpfen. Die einen sehen deutsche Truppen in sechs Wochen in London stehen, die anderen unken über eine neuerliche Hungerblockade gegen die Heimat.

Alexander Fischer steht gerade mit einem Kraxler an Oberdeck und erklärt ihm, was ein Zerstörer für ein Kriegsschiff sei, dass seine Hauptwaffen die beiden Torpedovierlingsrohre mittschiffs und achtern seien und dass außerdem noch fünf 12,7-Zentimeter-Geschütze, Flamaschinenwaffen und Wasserbomben im Pulverdampf mitmischen würden und er zudem als Minenträger Verwendung finden könne, als der Bootsmaat der Wache als Ehrenbezeigung für einen Offizier, der das Schiff betritt, Seite pfeift. Alle Mann an Oberdeck und in der Nähe des Bootes auf der Pier grüßen durch Stillstehen; und gefolgt von Kommodore Bonte betritt ein General der Gebirgsjäger über die Stelling den Zerstörer. Der Kraxler erteilt Fischer über den ihm unbekannten Gast Auskunft: »Dös ist der Dietl, unser Generalleutnant und Divisionskommandeur. Er ist a richtiger Joagergeneral!«

*

»22.45 Uhr ist seeklar!« Der Spruch kommt vom Führerboot und wird dem Kommandanten, Ersten Offizier und dem Leitenden Ingenieur des Zerstörers vorgelegt. Der Erste Wachingenieur wird unterrichtet.

Zwei Stunden vor Auslaufen soll in zwei Kesseln Dampf aufgemacht werden. Der Ölprahm kommt

18

noch längsseits, um die Bunker randvoll zu füllen. Über das Hafengelände breitet sich die Dämmerung aus. Schatten kriechen seewärts heran, legen sich über den breiten, träge dahinfließenden Fluss und hüllen bald die zehn Zerstörer ein. Es ist Neumond! Nur die Sterne schimmern am nachtdunklen Himmel.

Um 21 Uhr zieht die erste Wache im Kesselraum 1 auf, um Dampf aufzumachen. Das Boot, das bisher ruhig lag, auf dem nur die Lüfter leise summten, erzittert langsam immer stärker. Die Gebläse für die beiden Kessel drücken Frischluft in den Kesselraum, alle Hilfsmaschinen laufen. Jetzt liegt jene Spannung über dem Zerstörer, die immer vor einer Feindfahrt aufkommt, wenn der Leib des Bootes vibriert, als könne er es nicht mehr abwarten, aus seiner tagelangen Ruhe hervorzubrechen. Wie ein Tier, dessen Flanke vor Erregung zittert, weil es in den nächsten Sekunden vorwärtsschnellen wird, so liegt der Zerstörer an der Pier. In den Maschinenräumen entwickeln sich jetzt gebändigte Tausende von Pferdekräften, mit denen die Maschinen in zwei Stunden kraftvoll feindwärts stoßen werden.

Eine innere Unruhe liegt auch über den Männern. Kurz nach dem Auslaufen werden schon die Kriegswachen ausziehen, und dann gilt der befohlene vierstündige Wachtörn bis zum Einlaufen in Narvik und vielleicht noch darüber hinaus.

Gunnar Abrecht hat sich auf eine Backkiste gehauen. Er will sich zwingen, auf Vorrat zu schlafen. Um Mitternacht muss er auf Wache ziehen. Er hat nicht seinen alten Kojenplatz, den hat er an einen der Gebirgsjäger abdrücken müssen für die Zeit der Überfahrt. Seinen Platz auf der Backskiste wird er mit einem Seemann der Backbordwache teilen. Er hat die Augen geschlossen, findet aber keine Ruhe. Es ist noch viel Lärm in den Decks. Er ist an sich gewöhnt zu schlafen, wenn die Maschinen lärmen und um ihn die Unruhe derjenigen tobt, die sich nicht in die Koje hauen wollen.

Heute ist es aber anders!

Die Spannung der ganzen Unternehmung gibt ihm und den anderen Kameraden keine Ruhe. Jeder an Bord weiß, dass jetzt ein Schlag gegen Frankreich und England geführt wird, der den Ausgang und das Ende dieses Krieges wesentlich beeinflussen wird. Was mögen jetzt die Kameraden auf den anderen Zerstörern machen?

Gunnar Abrecht hält es in der Unruhe unter Deck nicht mehr aus. Er steht auf und geht an Oberdeck. Auf der Back stehen Dutzende von Seeleuten und Maschinengasten der Freiwachen mit den Kraxlern zusammen. Tiefschwarz ist die mondlose Nacht. Kein Lichtschein dringt aus dem Hafengelände herüber. Alles ist abgeblendet, um feindlichen Fliegern nicht den Weg zu weisen.

Wenige Meter voraus liegt ein anderes Boot. Ganz schwach ist das blaue Hecklicht zu sehen, das in der Dunkelheit die Gefahr einer Kollision mit einem ein- oder auslaufendem Schiff ausschalten soll. Es mag gleich 23 Uhr sein. Über die Pier dringen Rufe. Weiter voraus legen die ersten Zerstörer ab. Die Stelling ist bereite eingeholt. Das Schiff direkt voraus löst sich langsam von der Pier, lässt sich vom Strom aus dem Hafenbecken treiben.

Ein schriller Pfiff kommt von der Brücke: »Achterleine los!« Der Wachoffizier hat den Befehl gegeben. Der Oberbootsmann kontrolliert, ob alles richtig ausgeführt wird.

»Steuerbordmaschine langsame Fahrt voraus!« Der Mann am Maschinentelegraphen legt den Hebel um. Im Turbinenraum lärmt eine Glocke. Lichtzeichen flackern auf.

»Langsame Fahrt voraus«, ruft der Wachingenieur. Vor dem großen Handrad im Turbinenraum steht der Fahrmaat, greift fest in das Rad und dreht es ganz sachte. Die Turbine springt an. Gemächlich beginnt sie zu singen, während sie mehr und mehr Umdrehungen macht. Stolz ruhen die Augen des Fahrmaaten auf dem Schaltbrett mit der in großer Zahl aufblitzenden Instrumenten, in die jetzt Leben gekommen ist.

Sanft zittern die Zeiger. Sie vermitteln dem Laien eine rechte Vorstellung von den ungeheuren Kräften, die in der komplizierten Hochdruckdampfanlage eines modernen Kriegsschiffs stecken und dem Boot jene hohe Geschwindigkeit geben, die im modernen Krieg überlebenswichtig ist.

Die Leinen sind eingeholt. Die Backbordmaschine ist auch angesprungen. Langsam steuert der Verband flussabwärts der See zu. Der Wachoffizier und der Rudergänger müssen höllisch aufpassen, in dem großen Verband kein anderes Schiff zu rammen. In langsamer Fahrt formiert sich jene Gruppe von Zerstörern, die aufbricht, um das norwegische Narvik in Besitz zu nehmen. Vor den Engländern dort sein, lautet die Devise. Dem Feind keine Möglichkeit geben, eigene Basen in Skandinavien zu etablieren. Bonte gibt den Befehl, auf volle Fahrt zu gehen. Es ist ein Spiel gegen die Uhr, und diese tickt gnadenlos.

Was die Norweger zu jenen Ereignissen sagen, die dieser Tage ihren Lauf nehmen und die nächste Spirale der Gewalt lostreten könnten, interessiert weder Berlin noch London. Es geht allein darum, den jeweiligen Gegner zu schlagen, zu Lande wie zu Wasser. Das weiß auch Bonte, weshalb er mit dem einen Auge immer am Ziffernblatt der Uhr und mit dem anderen an der großen Seekarte klebt.

»Steuerbordwache auf Stationen!«, pfeift der Bootsmann der Wache aus. Als zehn Minuten später der Befehl »Steuerbordkriegswache auf Stationen!« durch die Decks gepfiffen wird, ziehen die Männer an den Geschützen, den Flamaschinenwaffen, den Torpedorohrsätzen und auf der Brücke auf Gefechtsstationen. Die Zerstörer befinden sich damit auf Kriegsmarsch, überall auf den Schiffen sind Augen und Ohren an Geräten, die nach dem Feind spüren.

In den Decks wird es ruhiger. Die Gebirgsjäger haben sich in die Kojen gehauen. Die Backbordkriegswache, die in vier Stunden aufstehen muss, nimmt ebenfalls eine Mütze voll Schlaf. Ungeachtet des singenden Maschinengeräuschs können die Gebirgsjäger kaum Ruhe finden. Sie sind voller Gedanken über den bevorstehenden Einsatz. Auch beeindruckt sie die Enge in den Schiffen, in denen ihre Kameraden von der Kriegsmarine im Frieden wie im Kriege ohne auch nur einen Hauch von Privatsphäre hausen.

Gleichmäßig arbeiten die Turbinen und Hilfsmaschinen. Der stählerne Schiffsleib zittert. An der Bordwand rauscht das Wasser vorbei. Wenn die Maschinen auf eine höhere Fahrtstufe gehen, wird das Zittern des Bootes härter. Sie umfängt alle, die auf einem Zerstörer fahren, diese verhaltene Kraft der Maschinen gepaart mit der potenziellen Wirkung seiner Waffen. Wie Baumstämme ragen die Rohre der mächtigen Geschütztürme auf das Meer hinaus.

*

Strahlender Sonnenschein liegt über der weiten See, als die zehn Zerstörer am Sonntag, dem 7. April, im Verband mit den schweren Einheiten der deutschen Flotte vorwärtsstoßen. Zwei Schlachtschiffe, ein schwerer Kreuzer, und weitere Zerstörer fahren gestaffelt nördlichen Kurs. Nicht nur für die Gebirgsjäger, auch für die Matrosen ist dieses Bild einmalig. In der leicht bewegten See mit ihrem satten, blaugrünen Farbspiel steht das Gros der deutschen Flotte, wenn es im Vergleich zu den Seestreitkräften der Feindmächte auch geradewegs mickrig erscheint. Die Männer blicken einer ungewissen Zukunft entgegen.

Ruhig liegen die schweren Schlachtschiffe in der See. Sie sind stählerne Festungen und sollen die Narvik-Zerstörer nordwärts begleiten, um sie bei einem Zusammentreffen mit schweren feindlichen Einheiten zu schützen. Jeder an Bord weiß, dass dieser enorme Kräfteansatz nicht für jeden Wald- und Wieseneinsatz, sondern nur zu einem erheblichen Schlag eingesetzt wird. Und auch nur, wenn die Führung mit starken gegnerischen Verbänden rechnet …

Werner Pollak ist Freiwächter auf der *Hermann Künne*. Er steht an Oberdeck am vorderen Rohrnetz und nimmt zusammen mit anderen Kameraden das imposante Bild in sich auf. Langsam schwingt das Boot hin und her.

»Warum foahrn mir so um die Ecken?«, fragt ihn einer der Kraxler.

»Wir fahren Unterseebootssicherung für die dicken Schiffe«, klärt ihn Werner auf. Er zeigt ihm, dass die Zerstörer durch einen unregelmäßigen Zickzackkurs feindlichen U-Booten die Möglichkeit erschweren, auf die Schlachtschiffe oder den schweren Kreuzer einen

Torpedo abzuschießen, der auch solch ein großes Schiff tödlich verwunden könnte.

Pollaks Zerstörer läuft schnellere Fahrt als der Verband. Eine hohe Hecksee steht hinter dem Achtersteven. Auf der Schanz am fünften Geschütz versammeln sich die Männer und schauen in das Wirbeln der beiden Schrauben, die den Weg des Zerstörers mit einer weißen Schaumbahn kennzeichnen. Den Gebirgsjägern ist alles neu. Die See ist ruhig, und sie sind von dem gewaltigen Bild gepackt, diesen großen Verband im sonnenüberstrahlten Wasser mit hohem Kurs feindwärts laufen zu sehen. Alle Zurückhaltung fällt. Wissbegierig fragen sie, stehen an den 12,7-Zentimeter-Geschützen, lassen sich von einem Torpedomechanikergefreiten die Abschussanlage erklären, peilen zur Brücke und schauen dem Rudergänger und Maschinentelegraphen zu. Sie sind voller Erstaunen für die Seemänner und, wenn sie einen Blick in die Maschinenräume werfen dürfen, noch mehr für das Maschinenpersonal, das unter Deck vor Kesseln und Turbinen steht, schweigebadet größte Hitze und stickige Luft erträgt, in der das Atmen schwerfällt, und über die Instrumente wacht. Denn diese gewaltige Anlage muss zu allen Zeiten einwandfrei arbeiten.

Die Gebirgsjäger wiederum erzählen von ihren bisherigen Erlebnissen in diesem Krieg, und dann hängen ihnen die Seeleute an den Lippen. In Polen waren sie; marschierten in 18 Tagen über 700 Kilometer in überholenden Gefechten bis zur Hohen Tatra, den Feind vor sich hertreibend, den sie durch die Wucht des deutschen Stoßes nur selten ernstlich packen konnten. Über Heldentaten sprechen sie gerne und ausgiebig, über Tod und Verwundung, Eigenbeschuss im Chaos der Schlacht, über Gräuel nur selten. Dass der Krieg nicht einmal Gnade mit den Gewinnern kennt und, wo körperliche Verwundungen fehlen, seelische einrichtet, fällt nur den erfahrensten Seemännern auf, wenn sie in den oft finsteren Mienen ihrer Kameraden vom Heer forschen.

Nach den Wochen in Polen mit ihren körperlichen Strapazen und Verlusten kamen die Kraxlhuber in den Westen und lagen in den Vorfeldern der Maginot-Linie bereit zum Sprung auf den französischen Feind. Das Warten während der langen Wintermonate in Schnee und Kälte war zermürbender als die anstrengenden Marschleistungen des Polenfeldzuges. Froh waren sie, als der Verband eines Tages plötzlich herausgezogen und zurückbefördert wurde; als sie mit ihren Zügen kreuz und quer durch die Reichgaue fuhren, ungewiss der neuen Ausgabe, für die sie ausersehen waren. Als die Fahrt dann aber immer nördlicher ging, ahnten sie, dass sie bald an der deutschen Nordseeküste stehen mussten. Bald darauf erreichte sie die Gewissheit, dass es mit Schiffen der Kriegsmarine zu einem Einsatz über See gehen werde.

Die Freiwachen der Besatzung werden auf die Schanz und die Gebirgsjäger in die Wohndecks befohlen. Auf der Schanz erklärt der Erste Offizier den Landsern endlich, wohin die Fahrt führt. In kurzen Zügen schildert er das politische Vorspiel, das Deutschland zwinge, eine englische Aktion in Norwegen abzuwehren. Die nördlichste Fahrt bei dieser Aktion ist den Zerstörern mit der Besetzung des nordnorwegischen Hafens Narvik übertragen. Zur gleichen Zeit erklärt ein Offizier der Gebirgsjäger seinen Männern das Ziel dieser Unternehmung mit ihren taktischen Einzelheiten an Land über die Lautsprecheranlage an Bord.

Nach einer Viertelstunde ist der Appell beendet. Alle treffen sich wieder an Oberdeck. Werner Pollak holt seinen Schulatlas hervor. Um ihn herum stehen alle, als er mit seinen Fingern über die norwegische Küste fährt. Narvik, nur schwach entsinnen sich einige, den Namen einmal in der Schule gehört oder in der Zeitung gelesen zu haben. Immer höher geht der Finger: Bergen, Trondheim … Narvik! Weit über dem nördlichen Polarkreis, in der Höhe von Murmansk und Alaska, liegt dieser Hafen am Ende eines Fjords, der tief in das Land bis kurz vor die norwegisch-schwedische Grenze schneidet. Alle sehen sich erstaunt an.

»Das ist vielleicht ein Tampen, da heraus«, meint Werner Pollak zu den Umstehenden und geht lachend wieder unter Deck, seinen Schulatlas zu verstauen.

*

Der Frühnachmittag rückt heran. Werner Pollak macht den Ausguckposten auf der Brücke. Unablässig beobachtet er See und Himmel wie seine Kameraden auf den anderen Booten und die Bedienungen an den Geschützen und Flamaschinenwaffen. Mit dem großen Glas kämmt er wieder einmal den Horizont und den Luftraum ab. Er stutzt. Kleine dunkle Punkte sieht er in weiter Entfernung knapp über dem Horizont. Das müssen Flugzeuge sein!

»Flugzeuge steuerbord querab!«, ruft er laut über die Brücke. Aus dem vorderen Stand springt der Kriegswachleiter, der Artillerieoffizier, an das große E-Messgerät. Der Kommandant und Erste Offizier eilen zur Steuerbordseite.

Ihre Gläser sind an den Augen. Werner Pollak hat die Flugzeuge weiter in seinem Glas. Er gibt dem

26

Kommandanten die genaue Richtung an. Jetzt sieht auch er diese dunklen Punkte, die sich mit großer Schnelligkeit nähern.

»Wo stehen wir, Obersteuermann?«, ruft er in das Kartenhaus hinein »Auf der Höhe von Skagen«, kommt die Antwort von der Navigation

»Deutsche Flugzeuge können es nicht sein, sie kommen aus dem Skagerrak«, wendet sich der Kommandant an den Ersten Offizier. »Fliegeralarm«, ruft er über die Brücke.

Werner Pollak springt von seinem Glas weg dorthin, wo die Alarmglocke an dem Durchgang hinter dem Ruderhaus hängt. Wie schon im Frieden so oft geübt und auch in diesem Kriege oft geschehen, drückt er auf die Alarmglocke. In allen Decks heulen die Sirenen los. In Sekunden ist das Oberdeck des Zerstörers ein Haufen wimmelnder Männer. Über die Niedergänge stürzen sie hoch, zwei und drei quellen zugleich aus den Schatten heraus, um an ihre Gefechtsstationen zu eilen. Von der Brücke hat der Befehlsübermittler den Fliegeralarm schon an die Waffenbedienungen gemeldet. Die Kriegswache macht die Geschütze sofort feuerbereit. Das Ziel wird aufgenommen. Die Munitionsmänner stehen bereit. So wie die Freiwachen auf den Decks auf die Gesichtsstationen stürzen, so eilen die Gebirgsjäger unter Deck, um feindlichen Flugzeugen verborgen zu bleiben.

Die Waffenstationen melden dem vorderen Stand, dass die Feuerbereitschaft hergestellt ist. Das Ziel, die heransausenden Flugzeuge, ist überall aufgenommen. Langsam gehen die Rohre mit den immer deutlicher sichtbaren Fliegern mit, die den Verband direkt anfliegen. Eine fürchterliche Spannung liegt über dem Zerstörer. Deutsche Kampfflugzeuge können es nicht sein, sie hätten sicherlich längst das Erkennungssignal gegeben.

Die nächsten Sekunden entscheiden!

Auf dem vorderen Stand und der Brücke sind die Flugzeuge inzwischen an der Bauart als feindliche ausgemacht worden, obwohl die Hoheitszeichen nicht zu erkennen sind.

»Feuererlaubnis!«, befiehlt der Kommandant.

»Feuererlaubnis!«, gibt der Befehlsübermittler an die Flamaschinenwaffen weiter. Die Freiwachen der Maschine stehen jetzt als Feuerlösch- und Lecksicherungsgruppen an Oberdeck. Mit Spannung verfolgen sie den Kurs des feindlichen Flugzeugverbandes, den ihre Kameraden an den Waffen schon längst im Visier haben. Jetzt zu schießen, wäre sinnlos. Sie warten, bis die Kampfflugzeuge auf eine günstige Kampfentfernung herangekommen sind.

Die schweren Schiffe eröffnen das Feuer mit ihrem 8,8- und 10,5-Zentimeter-Flugabwehrgeschützen. Man sieht das Mündungsfeuer, die quellende schwarze Wolle von Pulverdampf und hört nach Sekunden den Abschuss. Oben platzt zwischen dem Verband die erste Granate. Wie ein leichter weißer Federball schwebt die Wolke des explodierten Flakgeschosses zwischen den feindlichen Maschinen. Diese ziehen sich leicht auseinander und fliegen Angriffe auf die großen Schiffe.

»Gleich rumst es!«, stößt Werner Pollak einen Signalgasten neben ihm an, der mit seinem Glas die angreifenden Flugzeuge verfolgt. Bristol Blenheim sind es, fünf, acht, zwölf, sechzehn an der Zahl, die jetzt den deutschen Flottenverband angreifen wollen. Sämtliche Zerstörer bedecken das Firmament mit wütendem Abwehrfeuer. Aus der Schnellfeuerkanone zischen die roten Leuchtspuren der 3,7-Zentimeter-Geschosse den Tommies entgegen. Der Geschützführer brüllt heiser Kommandos. Achteraus wird ein Zerstörer angegriffen. Er schießt aus allen Knopflöchern. Ein leichtes Zittern läuft durch das Boot, eine dumpfe Explosion folgt hinterdrein. Die erste Bombe ist geworfen worden. Eine Wassersäule von 20 Meter Höhe steigt querab der Backbordseite jenes Zerstörers hoch, der achteraus steht.

In der Zwischenzeit ist die Abwehr der schweren Schiffe immer konzentrierter geworden. Aus schwarzem Pulverdampf sieht man in gleichmäßigem Salventakt das Aufblitzen des Mündungsfeuers. Ein Hagel von Geschossen fliegt den angreifenden Briten um die Ohren.

Immer heftiger wird das Abwehrfeuer. Rings um die großen Schiffe und auch um einige Zerstörer klettern Wassersäulen in die Luft – Bomben, die ihr Ziel verfehlt haben. Nur wenige Minuten dauert der englische Angriff, dann drehen die Flugzeuge, die in der ganzen Zeit in großer Höhe geblieben sind, ab.

Der Angriff ist abgeschlagen! Keine Bombe hat ihr Ziel getroffen! Als winzige kleine Punkte entschwinden die Bristol Blenheim über dem Horizont.

In den Männern an Bord der Zerstörer klingt noch die Erregung über den abgewehrten Angriff nach. Gerade will der Kommandant »Fliegeralarm beendet« an die Gefechtsstationen geben lassen, da tauchen voraus wieder Punkte auf, die sich unheimlich schnell dem Verband nähern. Wieder nehmen die Waffen das Ziel auf. Da schießt das Führerflugzeug ein Leuchtsignal.

»Flugzeuge schießen deutsches ES«, ruft der Obersignalmaat auf der Brücke und meint mit der Abkürzung das Erkennungssignal.

»Deutsche Flugzeuge«, gibt der Befehlsübermittler an die Waffenstationen durch. Deutsche Kampfflugzeuge vom Typ Messerschmitt Me 110 sind es, die jetzt in unheimlich schneller Fahrt über den Verband hinwegbrausen.

»Verflucht«, ärgert sich Werner Pollak, »einige Minuten eher, dann hätten sie die Tommies noch erwischen können!«

»Fliegeralarm beendet!«, befiehlt der Kommandant endlich. Der Befehlsübermittler gibt es an die Waffen weiter. Die Freiwache, die durch den Alarm noch auf Gefechtsstation gerufen worden ist, darf wegtreten. Die Kraxlhuber können wieder an Oberdeck und lassen sich den Angriff in allen Einzelheiten erzählen. So ganz wohl war es ihnen unter Deck nicht. Sie hörten das Schießen und waren über den Verlauf des Angriffs ganz im Ungewissen. Sie lassen sich aber trösten, denn die Männer an der Maschine stehen auch auf ihrem verantwortungsvollen Posten, dürfen ihn nicht verlassen und hören in der ganzen Zeit nichts von dem, was sich an Oberdeck, auf See oder in der Luft abspielt. Das ist für viele im Kriegsdienst zu Wasser die größte Zerreißprobe; zu wissen, jeden Augenblick könne ein Torpedo oder eine Bombe das eigene Schiff in Stücke sprengen, und nicht nur ohnmächtig zu sein angesichts des erbarmungslosen Zufalls, sondern nicht einmal zu sehen, was geschieht, wie und wo der Feind angreift.

»Jetzt wissen die Engländer, dass wir im Anmarsch sind«, sagt der Kommandant an den Ersten Offizier gewandt. »Die Flugzeuge werden unseren Standort und Kurs angeben. Vielleicht versucht der Brite, uns den Weg zu verstellen. Noch in dieser Nacht müssen wir durch die Enge zwischen Bergen und den Shetlands stoßen!«

*

Am Spätnachmittag schwindet die Sonne. Wind kommt von achtern auf, der an Stärke immer mehr zunimmt. Die See wird unruhig. Es braust immer mehr auf. Mit Macht stemmt sich der Wind von achtern gegen die Aufbauten, als wolle er die Fahrt des Bootes auf seinem Wikingervorstoß noch beschleunigen. Simmer härter packen der Wind und die achterliche See das Boot und werfen es hin und her.

Die Zerstörer fahren immer noch U-Bootsicherung für die dicken Schiffe. Zu den gleichmäßigen Krängungen des Zickzackkurses kommen Seegang und Wind. Immer stärker schlingert und stampft der Zerstörer. Die ersten Brecher fegen über die Back. Die See peitscht über Oberdeck Auch die Wellenbrecher können ihre Gewalt nicht mindern. Bis an das zweite Geschütz und hinauf bis zur Brücke sprüht die Gischt. Salzwasser weht den Männern in die Gesichter. Jetzt zeigt die Seefahrt ihr hartes Antlitz.

Im stürmischen Meer fährt der Verband seinen alten Kurs. Die Schatten der Nacht senken sich über die unendliche Weite des Wassers und hüllen alles ein. Die Dunkelheit gibt keinen Schutz! Es heißt jetzt doppelt aufpassen, um nicht vom Gegner überrascht zu werden. Vollkommen abgeblendet fahren die Einheiten. Kein Lichtschein ist zu sehen. Schwere Wolken hängen niedrig an dem nachtdunklen Himmel. Unstet und zerrissen jagen sie vorüber. Nur vereinzelt reißt die Wolkendecke auf. Ruhig blinken dann die Sterne auf die aufgewühlte See, auf der die deutschen Zerstörer vorwärtspreschen.

Nach Mittnacht steht der Verband auf dem 60. Breitengrad, der Enge zwischen der norwegischen Hafenstadt Bergen und den Shetlands. Hier haben sich noch immer englische Seestreitkräfte herumgedrückt. An dieser Stelle brechen auch im Schutz der Nacht zur Sicherheit gegen Angriffe der deutschen Kriegsmarine und Luftwaffe feindliche Geleitzüge unter starker Sicherung durch, nachdem sie aus schwedischen und norwegischen Häfen kommend in den Hoheitsgewässern dieser Staaten bis zur Höhe von Bergen herausgefahren sind.

Die Augen der Männer auf der Brücke und an den Waffen schmerzen schon. Aber jede Müdigkeit muss abgeschüttelt werden. Englische Einheiten werden jetzt an dieser Stelle auf und ab stehen, um den durch die angreifenden Kampfflugzeuge gemeldeten deutschen Verband abzufangen.

Nun tobt aber der Sturm mit immer größerer Heftigkeit. Der Seegang nimmt zu. Immer schlechter wird die Sicht. Unerhört sind die körperlichen Anstrengungen der Männer auf den Gefechtsstationen und der Gebirgsjäger, denen die Seekrankheit stark zusetzt.

Im Schutz des groben Wetters mit seiner schlechten Sicht gelingt der Durchbruch, und als die Schatten der Nacht immer mehr weichen und das Licht des Tages durchbricht, steht der Verband schon im Nordmeer. Das Wetter ist noch unruhiger geworden. Eine lange Dünung schwingt von achtern, stürzt sich über das Achterschiff nach vorn. Unablässig schlagen die Brecher über Oberdeck. In der Nacht ist durch den Seegang schon allerlei losgeschlagen worden. Unter den Kommandos des Oberbootsmannes wird alles noch einmal überholt und seefest gezurrt. Müde und übernächtigt schauen die Männer aus den Augen. Unablässig sind sie in dem schweren Wetter ihre Wachen gegangen. Völlig durchnässt haben sie kaum Ruhe gefunden, bis sie wieder nach vier Stunden auf ihre Station mussten. Die ganze Härte des seemännischen Berufes ist den Gebirgsjägern aus Österreich nun deutlich geworden. Sie hatten sich fast alle ohne Ausnahme eine falsche Vorstellung vom Seemann der Wehrmacht gemacht, den sie bisher nur im schneidigen Ausgehanzug, aber nie im Ölzeug auf Gefechtsstation oder vor der Maschine gesehen haben. Der Dienst auf einer Feindfahrt fordert von jedem Einzelnen den härtesten Einsatz. Er wird viele von ihnen brechen, die einen körperlich, die anderen seelisch, dritte auf beide Arten.

Der Verband hat sich weit auseinandergezogen Noch sind keine Ausfälle zu verzeichnen. Kleine Maschinenschäden, die während der Fahrt behoben werden können, lassen einmal das eine oder andere Boot etwas nachhinken. So gerät einer der Narvik-Zerstörer in Gefechtsberührung mit einem Bewacherfahrzeug, dem englischen Zerstörer *HMS Glowworm*. Harmlos funkt der Tommy den deutschen Zerstörer an und schießt Erkennungssignal. Er will den Namen des Bootes haben. Die armen Teufel ahnen nicht, dass deutsche Seestreitkräfte so weit von ihrer Basis entfernt in einem Seegebiet operieren, das von der Flotte seiner britischen Majestät beherrscht wird. Als die erste Salve des deutschen Zerstörers kurz vor der *Glowworm* einschlägt, geht ein jähes Erwachen durch das feindliche Boot. Nach Minuten ist es erst gefechtsklar und beantwortet das Feuer, als es schon Treffer erhalten hat. Der deutsche Zerstörer gibt an den Hauptverband, dass er in Gefechtsberührung mit einem feindlichen Zerstörer sei. Der Schwere Kreuzer *Admiral Hipper* schert aus dem Verband aus und nimmt Kurs zurück. Es ist nicht viel Zeit zu verlieren!

Der Brite sieht sich nun einer überwältigenden Übermacht gegenüber, dennoch versucht er nicht zu fliehen. Tapfer legt er eine Nebelwand, wirft mit Granaten um sich, schießt Torpedos auf die *Admiral Hipper* ab, die allerdings samt und sonders ins Leere laufen. Dann setzt er zu einem Rammmanöver an, hält auf den Schweren Kreuzer zu ... und trifft. Der Zusammenstoß fegt mit brutaler Gewalt durch beide Schiffe, reißt zahlreiche Männer von den Füßen. Die *Admiral Hipper* wird beschädigt, doch mangelt sie das viel kleinere britische Schiff mit ihrem schweren Eisenleib gnadenlos unter und reißt das Vorschiff in Stücke. Einige Salven aus ihren 28 Zentimeter-Batterien geben dem schon qualmenden Briten den Rest. Brennend geht das Boot in die Tiefe. Die Rettung von Schiffbrüchigen ist bei dem Seegang und der bevorstehenden Aufgabe nicht möglich.

*

Am Abend des Montages sind die Narvik-Zerstörer aus dem Verband der anderen Einheiten der Schlachtschiffe, des Schweren Kreuzers und der anderen Zerstörer, die ihren Weg nordwärts schützen sollten, entlassen. Im Rahmen der Gesamtoperationen erfüllen sie ihren Auftrag in Trondheim.

Geschlossen steuern die Narvik-Zerstörer weiter nördlichen Kurs. Über 24 Stunden tobt schon der Sturm. Nicht eine Stunde hat er nachgelassen, im Gegenteil, an Heftigkeit immer mehr zugenommen. Ein

Funkspruch unterrichtet den Verband, dass die norwegische Admiralität die Löschung aller Küstenfeuer befohlen hat. Der Sturm, der mit Ausnahme weniger Stunden am Sonntag ununterbrochen tobte, nimmt orkanartige Stärke an. Gegen 22 Uhr stehen die Zerstörer in dem Vestfjord, dem die Lofoten-Inseln vorgelagert sind. In dieser breiten Einfahrt nach Narvik tobt der entfesselte Orkan. Es herrscht ein Unwetter, wie es alte Zerstörerfahrer nur selten mitgemacht haben. Die Boote werden in dem Seegang hin und her geworfen. Minutenlang steht das Vorschiff unter Wasser. Schwere Grundseen erschüttern den Rumpf. Oft bekommen die Zerstörer so starke Schlagseite, dass man fürchtet, aus dieser Lage würden sie sich nicht mehr aufrichten können. Die Krängung ist mit den vorhandenen Messinstrumenten nicht mehr festzustellen Die Hölle scheint hier im Vestfjord losgebrochen zu sein. Entfesselt tobt der Sturm und jagt die Wassermassen über die Aufbauten. Wachablösung ist jetzt unmöglich. Der Weg vom Achterschiff zur Brücke ist mit Lebensgefahr verbunden.

Auf der Brücke des Führerbootes steht Kommodore Bonte mit dem Kommandanten des Schiffs und Generalleutnant Dietl von den Gebirgsjägern. Jetzt ist die entscheidende Phase der Überfahrt. Die Küstenfeuer sind zum Teil schon gelöscht. Regenböen klatschen nieder. Minutenlang ist wiederum alles in dichtes Schneegestöber gehüllt. In dieser schlechten Sicht bei bewölktem Himmel steuert das Boot des Führers der Zerstörer den anderen Schiffen voraus mit 27 Meilen Grundfahrt in den Vestfjord ein. Pünktlich um 5.15 Uhr müssen die Zerstörer vor Narvik stehen. An der gesamten norwegischen und dänischen Küste werden an diesem Dienstag, dem 9. April, zu früher Morgenstunde die wichtigsten Hafenstädte besetzt. Nur vereinzelt ist eine Ortsbestimmung möglich. Diese Sturmfahrt im Vestfjord gehört zu den größten Leistungen jener Seeleute, die an der Operation *Weserübung* beteiligt sind.

Nach Mitternacht lässt der Sturm nach. Der Verband hat die geschützteren Gewässer im Vestfjord erreicht. Als Werner Pollak in der Früh zur Wachablösung seinen Gefechtsposten auf der Brücke einnimmt, kann er in den Stunden seines Wachtörns ein wundervolles Bild wahrnehmen. Tiefe Nacht breitet sich über dem jetzt ruhigen Wasser aus. In der Dunkelheit sind ganz schwach hohe Bergriesen zu erkennen, die sich vom glitzernden Wasser und dem helleren Himmel abheben. Über die hohen Bergmassive breitet sich langsam ein roter Schein aus. Dahinter steigt die Sonne auf. Die Schatten der Nacht verschwinden immer mehr. Sie lösen sich in dem rötlichen Licht auf, das über den Berggipfeln immer eindringlicher und klarer leuchtet. Die grauschwarze Landshaft verschwindet. Silhouettenartig heben sich schon die Gipfel der Berge vom Himmel ab. Tiefdunkel liegt noch in Schleier der Dämmerung gehüllt das ruhige Wasser des engen Fjords, durch den Zerstörer mit schäumender Heckwelle gegen Narvik vorstoßen.

*

Noch haben sich die Schleier der Dämmerung nicht ganz gelöst und sind dem Licht des Tages gewichen, als die Zerstörer zur befohlenen Zeit vor Narvik stehen. Aus der Dämmerung heraus tauchen in dem hohen Bergkessel, in welchem Narvik in Schnee und Eis gebettet liegt, die Schatten von zwei großen norwegischen Kriegsschiffen auf. Vom Führerschiff der deutschen Zerstörer fährt ein Boot mit einem Offizier zum norwegischen Schiff hinüber, dem Panzerschiff *Eidsvold*. Der Offizier erklärt den Sinn der deutschen Besetzung Narviks zum Schutze der Neutralität Norwegens und fordert sein Gegenüber auf, keinen Widerstand zu leisten. Diese Aufforderung wird abgelehnt. Es sind dramatische Minuten an Bord des deutschen Zerstörers. Das Boot legt von der *Eidsvold* wieder ab und steuert in einem großen Bogen auf den eigenen Zerstörer zu. Ein Windspruch geht herüber, in dem mitgeteilt wird, dass das norwegische Panzerschiff Widerstand leisten wird. Schon richten sich die Geschütze der *Eidsvold* drohend auf den deutschen Zerstörer. Gleichzeitig schwenkt aber auch schon ein Rohrsatz mit deutschen Torpedos herum. Alle Werte sind bereits eingestellt. Der Torpedooffizier befiehlt den Abschuss eines Fächers auf das norwegische Panzerschiff in dem Augenblick, da drüben die Geschütztürme zum Leben erwachen und die erste Salve schwerer Artillerie auf den ungepanzerten und mit Menschen überfüllten Zerstörer abgefeuert werden soll. Die Torpedos tauchen aus den Rohren, spielen sich unter Wasser ein und laufen blitzschnell auf das langsam manövrierende norwegische Panzerschiff zu. Nach wenigen Sekunden erschüttert eine Detonation die Luft. Ein oder zwei Torpedos heben das schwere Schiff empor. Mittschiffs bricht es auseinander. Nach wenigen Minuten stehen nur noch Bug und Heck steil im Wasser und gleiten langsam in die Tiefe. Ohne einen Schuss abgefeuert zu haben, ist die *Eidsvold* vernichtet worden.

Das andere norwegische Panzerschiff, die *Norge* eröffnet in dieser Zeit auf den ihr nächstgelegenen deutschen Zerstörer *Bernd von Armin* das Feuer. Drei Salven rollen aus den schweren Geschützen, alle drei verfehlen sie weit ihr Ziel, und als der Befehl »Feuer« zum vierten Mal gegeben werden soll, trifft ein deutscher Torpedo auch die *Norge,* hebt sie wie ihr Schwesterschiff empor und bricht sie mit ungeheurer Gewalt auseinander. Nach kurzer Zeit ist von den beiden Schiffen nichts mehr zu sehen. Nur wenige Überlebende kämpfen im eiskalten Wasser des Fjords verzweifelt um ihr Leben. Es werden Boote ausgesetzt, die Schiffbrüchigen zu retten. Von einigen hundert Mann sind es nur wenige Dutzend, die von den Booten aufgenommen werden können. Die anderen finden im tiefblauen Fjordwasser ein nasses Grab.

An der Pier machen zwei Zerstörer fest, andere landen mit Booten Sturmtruppen der österreichischen Gebirgsjäger an. Durch die noch schlaftrunkene und von dem Geschützfeuer und den Detonationen aufgeweckte Stadt marschieren die deutschen Truppen und besetzen diesen für die Ausfuhr schwedischen Erzes so wichtigen Ort. Ein großes Schulgebäude dient als Kaserne. Mehrere Kompanien norwegischen Militärs können dort entwaffnet werden, eine Kompanie kann entkommen und sich über die Gleise der Erzbahn zur norwegisch-schwedischen Grenze durchschlagen. In den ersten Vormittagsstunden ist Narvik in deutscher Hand. An allen Straßenecken stehen Posten der Wehrmacht. Ängstlich werden sie von der Bevölkerung beäugt, die nicht weiß, wie ihr geschieht.

Lebenswichtige Betriebe werden unter Schutz gestellt, und im Hotel Royal kann der Divisionsgefechtsstand aufgeschlagen werden. Hier weckte der Kanonendonner auch den englischen Konsul, der, nichts Gutes ahnend, unter Hinterlassung seines umfangreichen Gepäcks floh. In seinem Hotelzimmer können wertvolle Dokumente sichergestellt werden, aus denen ganz einwandfrei hervorgeht, dass die Engländer eine Besetzung Narviks planten, um sich die ungestörte Erzzufuhr zu sichern und Deutschland von dieser Einfuhr abzuschneiden.

In den Vormittagsstunden stehen zahlreiche Norweger an der Hafenpier und sehen dem Ausladen weiterer Truppen und des umfangreichen Geräts zu. Ein unheimliches Gemurmel begleitet die Arbeit der deutschen Soldaten.

Alexander Fischer legt mit dem Führerboot des Kommodores in der Morgenfrühe an der Pier an. Er ist einer der ersten, die an Land springen, die Stahltrossen um die großen Poller des Kais legen und helfen, Truppen zur Überrumpelung der Stadt von Bord zu bringen. Die Zerstörer seiner Kameraden sieht er nicht.

Heinz Daschner und Werner Pollak stehen auf ihren Zerstörern zur gleichen Zeit im Herjangsfjord, nur wenige Seemeilen von Narvik entfernt, und landen Truppen in Bjerkvik an, die später den Flankenschutz der Erzbahn gegen Angriffe aus dem Norden übernehmen werden.

Gunnar Abrechts Boot steht zur befohlenen Zeit vor einer Landzunge im Ofotfjord, um das in norwegischen Generalstabskarten verzeichnete Fort Framnes zu besetzen und bei Widerstand niederzukämpfen. Sein Boot wird vom norwegischen Kanonenboot *Sonja* gestellt. Zwei Offiziere fahren im Verkehrsboot hinüber und machen dem norwegischen Kommandanten den Sinn der Aktion klar. Sie verlangen die Herausgabe des Verschlusses der Kanone und der Röhren der Funkanlage. Der Kommandant scheint die Sinnlosigkeit eines Widerstandes seines kleinen Bootes gegen den deutschen Zerstörer einzusehen. Zum Zeichen der Kapitulation setzt er neben der norwegischen Kriegsflagge ein weißes Tuch und erhält Kursanweisung nach Narvik.

In der Zwischenzeit werden Gebirgsjäger an Land gesetzt, um das Fort zu nehmen. Nach einigen Stunden steht fest, dass hier bei Framnes keine Küstenbatterien mehr stehen.

Am Nachmittag stehen auch die restlichen Zerstörer vor Narvik und setzen noch Gebirgsjäger mit Waffen und Gerät an Land. Einige Stunden lang liegt der Zerstörer von Gunnar Abrecht an der Pier. Er kann den Bordhund Max, der die Überfahrt gut überstanden bat, wieder an einer Leine spazieren führen und sich auch mit Heinz Daschner treffen, dessen Zerstörer *Hans Lüdemann* ebenfalls an der Pier festgemacht hat. Die anderen Boote ankern im Hafenbecken oder versehen den Wachdienst weiter draußen im Ofotfjord.

Sie bewundern beide das landschaftlich imposante Bild, das sich ihnen bietet. Zwischen hohen Bergen, die in Eis und Schnee erstarrt sind, liegt in einem tiefen Kessel die Bucht von Narvik, aus der Dampfschwaden aufsteigen. Um die Bucht zieht sich die Stadt entlang. Gegenüber der Pier liegt der Malmkau, jene große Erzverladerampe, mit der Dampfer von 10.000 BRT und mehr in wenigen Stunden mit dem kostbaren Erz gefüllt werden können. An der Pier liegt gerade ein Erzdampfer. Die voll beladenen Züge fahren auf die Rampe, öffnen ihren Boden, und durch Rutschen stürzt das Erz, im Fallen gebremst, 30 Meter tief in die Laderäume der Frachter.

Im Hafen liegt eine große Zahl von Handelsschiffen. Norweger, Schweden, Holländer, Deutsche und Engländer sind hier, um in der Hauptsache Erz zu laden. Die englischen Handelsdampfer sind sofort durch Prisenkommandos besetzt worden. Zwei von ihnen sind bewaffnet. Die von der deutschen Besetzung Narviks überraschte Besatzung denkt nicht daran, Widerstand zu leisten.

Auch ein deutscher Dampfer sah im Morgengrauen die nahenden Kriegsschiffe, hörte den Geschützdonner, konnte aber nicht die Nationalität der Zerstörer ausmachen. In der festen Annahme, dass die Engländer Narvik besetzen würden, setzte der deutsche Kapitän seinen Dampfer auf Grund, um ihn nicht in die Hände der Feinde fallen zu lassen.

Von der Pier aus sehen Gunnar Abrecht und Heinz Daschner in den Ofotfjord, der sich in den Vestfjord verbreitert. Links der Beisfjord und hinter der vorspringenden Landzunge mit dem Krankenhaus Narviks der Herjangs- und Rombaksfjord, an den sich der Rombaken und Rombaksbotn anschließen. Gewaltig ist diese Landschaft weit über dem nördlichen Polarkreis. Steil erhebt sich im Rücken der Stadt der sagenumwobene Fagernesfjell 1.270 Meter in den Himmel empor. Alles ist erhaben in dieser eindrucksvollen Fjordlandschaft, der jetzt deutsche Truppen und deutsche Kriegsschiffe einen kriegerischen Anstrich verpassen.

*

Die Nacht senkt sich über die Stadt. Eine verhaltene Spannung liegt über allem. Die Norweger sind zu überrascht. Jeder Soldat spürt, dass das Gros der Bevölkerung, vor allem die Intelligenz, auf die Engländer wettet.

Während der gesamten Nacht versehen einzelne Zerstörer den Wachdienst draußen im Fjord. Gegen Morgen wird das Wetter schlechter. Der Wind peitscht Schneeböen über das Wasser. Es sind keine 50 Meter Sicht. Im Hafen liegt der deutsche Tankdampfer *Jan Wellem* und in seiner Nähe zwei deutsche Zerstörer. Einer hat schon Öl übernommen, der zweite will in einer Stunde zur Übernahme längsseits gehen.

5.30 Uhr ist es, als der Zerstörer des Vorpostendienstes wieder in den Hafen zurückkehrt. Bei der schlechten Sicht ist eine Überwachung des Ofotfjordes unmöglich. Das Boot will gerade vor Anker gehen, um am Vormittag auch Öl zu übernehmen, da weckt Geschützdonner von der Einfahrt der Bucht ein vielfältiges Echo in den Bergen. Salve auf Salve mittlerer Artillerie aus vollen Breitseiten schlägt in das Hafenbecken, auf die Pier und in die Häuser am Hafenrand. Überall quirlen Laufbahnen von Torpedos durch das Wasser des Hafens. Voraus steht einer der anderen Zerstörer, die *Anton Schmitt*. Zwei Torpedolaufbahnen schießen auf ihn zu. Eine gewaltige Detonation erfolgt, die den Zerstörer mittschiffs fast aus dem Wasser hebt und in zwei Teile brechen lässt.

In wenigen Sekunden ist in dem engen Hafenkessel die Hölle los. Unter dem Schutze der schweren Schneeböen sind leichte englische Seestreitkräfte vor die Hafeneinfahrt gefahren und schießen jetzt wahllos mit Artillerie und Torpedos in das Hafenbecken. Die deutschen Zerstörer sind von dem Angriff völlig überrascht. Die ersten Granaten wecken die Männer, die eilfertig auf die Gefechtsstationen eilen, als die Wachoffiziere die Alarmglocken in allen Decks gellen lassen.

Die feindlichen Streitkräfte sind nicht zu sehen. Durch das dichte Schneetreiben blitzt nur im Salventakt die Mündungsfeuer auf. Ein weiterer Torpedo trifft das Achterschiff des zweiten Zerstörers. Granaten schlagen in die Handelsdampfer, Torpedodetonationen reißen große Lecks in die Schiffswände. Andere Geschosse setzen norwegische Privathäuser in Brand. Steil stehen der Bug und das Heck des im ersten Augenblick des englischen Feuerüberfalls von zwei Torpedos getroffenen Zerstörers im Wasser. Nach zwei Minuten bereits konnte sich kein Mitglied der Besatzung mehr an Oberdeck halten.

Mit überlebenden Kameraden schwimmt Gunnar Abrecht, die gelbe Gummischwimmweste aufgeblasen, die die Männer auf Feindfahrt Tag und Nacht tragen müssen, die 800 Meter dem Land zu. Um ihn herum schlagen noch die Granaten in das nach Heizöl stinkende Wasser ein. Ein ekelhafter Brechreiz kommt hoch, wenn Heizöl in den Mund kommt. Die Augen brennen. Er hält den Kopf immer hoch, um nicht durch Heizöl Ätzverletzungen an den Augen zu erhalten. Eiskalt ist das Wasser des Hafenbeckens. Ein Grad Wärme wird später gemessen. Unglücklich sind die Schiffsbrüchigen, die nur wenige Kleider am Leibe haben und so schutzlos der Kälte des Wassers ausgesetzt find. Schon nach wenigen Minuten erlahmen ihnen die Kräfte, und so sehr sich auch ihre Kameraden bemühen, sie noch die kurze Strecke an Land mitzuziehen, so treiben sie bald steif und kalt im Wasser. Viele, die den Torpedotreffer überlebt haben, die geistesgegenwärtig von Bord gesprungen sind, als sich der Schiffsrumpf unter ihren Füßen zuckend wie ein waidwundgeschossener Hirsch aufgebäumt hat, sterben im eisigen Wasser. Die Wellen spülen Leichen gegen Gunnar Abrecht, der tapfer weiterschwimmt. Auch ihm zieht die Kälte die Kraft aus den Gliedern, dann aber spürt er den rettenden Grund unter seinen Stiefeln. Mit letzter Anstrengung schleppt er sich an Land, ehe er völlig erschöpft zusammenbricht.

Das Achterschiff unter Wasser, so liegt der Zerstörer *Diether von Roeder* wrackgeschossen im Hafen und muss von der Besatzung verlassen werden. Dem Schiff, das vom Vorpostendienst heimkehrte, haben feindliche Granaten schwere Wunden geschlagen. Die Geschütze sind aber besetzt und die Rohre müssen feuern, was sie nur hergeben können. Es ist noch immer nichts zu sehen. Auf dem vorderen Stand wird das Schießen nur nach aufblitzendem Mündungsfeuer in den Schneewehen geleitet. Niemand weiß, wer hier Freund und wer Feind ist. Die Granaten beider Seiten springen kreuz und quer durch die Hafenbecken von Narvik.

In der Zwischenzeit haben die anderen Zerstörer, die in einem der Nebenfjorde vor Narvik lagen, durch das Geschützfeuer geweckt, Dampf aufgemacht. Sie fahren dem Briten in die Flanke. Die deutsche Feuerkraft hat bald das Übergewicht. Als der Engländer merkt, dass er von hinten und von der Seite gepackt wird, zieht er sich vorerst zurück. Die deutschen Boote können den Feind nur ein kurzes Stück verfolgen, weil die meisten seit dem Einlaufen noch kein Öl übernommen haben.

Als das Schneetreiben verschwindet, sind sieben englische Zerstörer vor Narvik auszumachen, teilweise beschädigt. In sinkendem Zustand liegt · völlig wrackgeschassen, der englische Zerstörer *HMS Hunter* da. Andere werden mit schwerer Schlagseite und brennend von dem Verband zurückgeschleppt, als die deutschen Boote die Verfolgung abbrechen müssen. Als Schiffbrüchige schwimmen englische Seeleute der *HMS Hardy* im Wasser, die im Gefecht mit Werner Pollaks Boot lag. Ein Verkehrsboot wird klargemacht und zu Wasser gelassen, um die Überlebenden aufzufischen.

Als Bootsgast steigt Werner Pollak mit ein. Der Mootssteurer fährt den Fjord immer wieder auf und ab und kann einige Dutzend Schiffsbrüchige retten, die schon einige Zeit im Wasser treiben und völlig erschöpft sind. Dankbar schütteln sie den deutschen Seeleuten die Hand, die sie vom Tod des Erfrierens in dem eiskalten Wasser retten. Sie werden an Bord übernommen, kommen in ärztliche Behandlung und erhalten warme Kleidung. Die Besatzung teilt sogar Zigaretten. Es schon verrückt, wie die Männer zunächst versucht haben, einander zu versenken, und sich nun behandeln wie Brüder.

Allmählich weicht die Dämmerung, und als zaghaft die Sonne durchdringt, beleuchtet sie ein Bild grauenvoller Zerstörung. Zahlreiche Wracks liegen zum Teil brennend in sinkendem Zustand im Hafen. Andere liegen schon auf Grund. Ihre Schornsteine und Mastspitzen schauen zur Wasseroberfläche heraus. An der Pier brennen Häuser. Der Kai ist durch Torpedos und Granaten zum Teil zerfetzt. Wahllos haben beide Seiten in dem dichten Schneetreiben herumgeschossen.

Der englische Angriff ist abgewiesen worden, doch zu welchem Preis? Die *Wilhelm Heidkamp* – gesunken! Die *Anton Schmitt* – gesunken! Die *Diether von Roeder* ist manövrierunfähig, die *Bernd von Armin*, die *Hermann Künne*, die *Hans Lüdemann* und die *Georg Thiele* haben Beschädigungen davongetragen. Die Briten

45

scheinen den ersten Berichten nach mit zwei versenkten Zerstörern davongekommen zu sein.

Bald dringt die Nachricht durch, dass bei dem Gefecht der Führer der Zerstörer, Kapitän zur See und Kommodore Bonte, gefallen ist. Die Männer können es nicht fassen. Sie erinnern sich noch der letzten Gedenkfeier an der Gazelle-Brücke in Wilhelmshaven. Dort sagte ihnen der Kommodore noch, dass jeder einzelne in diesem Kriege bereit sein muss, das Letzte, nämlich sein Leben, einzusetzen. Seine Worte hat er jetzt wahr gemacht.

Für die Kameraden aus Brandenburger mindestens genauso schlimm ist die Unklarheit über den Verbleib ihres Freundes Alexander Fischer. Er befand sich auf der *Wilhelm Heidkamp*, als der tödliche Torpedo einschlug, und gilt seither als vermisst. Er wird es mit hoher Wahrscheinlichkeit für alle Zeit bleiben und seine Angehörigen somit in das schwarze Loch der Ungewissheit stürzen.

*

Allen ist klar, dass der Brite es dabei nicht bewenden lassen wird. Er wird nicht akzeptieren, dass Narvik nun in deutscher Hand liegt, und wird bald mit einem größeren Aufgebot zurückkehren.

Der 11. April verläuft ruhig. Sehnsüchtig wartet alles auf deutsche Kampfflugzeuge, die allein Hilfe in dieser schwierigen Lage bringen könnten, in der die Zerstörermänner und die Gebirgsjäger 1.600 Kilometer von der Heimat entfernt und abgeschnitten von jedem Nachschub auf sich gestellt sind.

Die Luftaufklärung stellt fest, dass die Engländer mit ihren Streitkräften weit draußen den Fjord blockieren. Wie durch ein Wunder ist bei dem englischen Feuerüberfall in der Frühe des 10. April der *Jan Wellem* nichts geschehen. Andere vor Narvik ankernde Handelsschiffe liegen nun auf dem Grund des Hafens. So können die Zerstörer Öl übernehmen. Vor allem können die Lebensmittelvorräte des Tankers, die für die gelandeten Truppen mehrere Wochen reichen, noch gelöscht werden.

In den Abendstunden des 12. Aprils fliegen englische Flugzeuge, die von einem Flugzeugträger stammen müssen, einen Bombenangriff auf Hafen und Stadt. Den Maschinen, die ihre Bomben fallen lassen, schlägt die konzentrierte Abwehr der restlichen Zerstörer und einiger Flak-Maschinenwaffen an Land entgegen. Sie sind die Vorboten eines bevorstehenden großen englischen Angriffs mit schwersten Streitkräften, die die deutsche Luftausklärung schon im Anmarsch im Vestfjord gemeldet hat.

*

In den Mittagsstunden des 13. Aprils dringt Gefechtslärm aus dem Ofotfjord nach Narvik. Zwei deutsche Zerstörer, die dort den Vorpostendienst versehen, liegen schon im Kampf mit britischen Einheiten.

Der Geschützdonner dringt immer näher. Von den Bergen hinter dem Hafen, in denen sich die Gebirgsjäger in den letzten Tagen Stellungen geschaffen haben, sieht man den kleinen Verband deutscher Zerstörer den Angriff gegen eine erdrückende englische Übermacht fahren.

Mit dem Schlachtschiff HMS *Warspite*, mehreren Kreuzern, einem Flugzeugträger und Artilleriezerstörern der Tribalklasse rückt der Gegner an. Schon geschwächt durch den ersten Angriff nehmen die deutschen Boote den Kampf auf. Nur sieben Zerstörer sind noch voll kampffähig. Die bewegungsunfähige *Diether von Roeder* soll als Batterie mit den beiden vorderen Geschützen am Kampf teilnehmen.

Das Gefecht ist in vollem Gange. Gestaffelt kommen die Engländer näher und decken mit den Salven ihrer überlegenen Feuerkraft die deutschen Zerstörer vollkommen ein. Deutsche und Briten feuern aus allen Rohren. Es ist ein dramatischer Kampf, weil die deutschen Boote mit dem Rücken zur Wand am Gegner hängen, der mit seiner Übermacht immer näher rückt. Selbst wenn sie Narvik aufgeben wollen würden, sie könnten nicht, denn die Engländer versperren alle Zugänge zum Meer.

Vor der Hafenbucht im Ofotfjord fahren die Zerstörer der Kriegsmarine immer neue Angriffe gegen den Feind. Sie stoßen vor, mit beiden Geschützen auf der Back feuernd, machen eine Gefechtskehrtwendung, schießen mit voller Breitseite, drehen dann ab, mit den Geschützen auf dem Achterschiff feuernd, und stoßen dann wieder zu einem neuen Angriff vor. Die Luft ist gefüllt vom Bersten der Granaten. Torpedos schießen durch die Fjords. Haushohe Wassersäulen der schweren Kaliber des Schlachtschiffes stehen rings um die deutschen Boote.

Eine halbe Stunde währt schon dieser schreckliche Kampf. Englische Flugzeuge greifen noch ein und werfen Bomben auf die deutschen Zerstörer. Die Flugabwehr der Schiffe holt eines der Flugzeuge herunter, das steil niedergeht und in dem Wasser des Fjords verschwindet.

Schwer angeschlagen liegt der Zerstörer *Hermann Künne* im Herjangsfjord. Nach einem Schlagabtausch mit der *Warspite* ist ein Teil der Geschütze ausgefallen, die Munition in den Lasten knapper geworden. Nun setzt der britische Zerstörer *HMS Eskimo* auf die *Herman Künne* an. Die Geschütze beider Schiffe dröhnen unter Dauerlast. Um das britische Boot herum sprudelt das Wasser unter Treffern, doch keine Granate sitzt. Bei der schlechten Sicht beharken sich die Geschützbedienungen beider Seiten teilweise blind.

Bald hat die *Hermann Künne* die letzten Granaten verschossen. Bis zur Selbstaufopferung haben die Männer gekämpft. Jetzt können sie nicht mehr schießen. Das Boot hat schon starke Schlagseite, der Kommandant lässt es auf Grund laufen. Geheimsachen werden vernichtet, dann kommt wie friedensmäßig exerziert der Befehl: »Klar bei Schwimmwesten! Alle Mann über Bord!«

Jeder hilft noch den Verwundeten, bläst ihnen die Schwimmwesten auf. Aufgewühlt und mit blutender Stirn, wo er sich eine Platzwunde zugezogen hat, hilft Werner Pollak bei der Rettung der Kameraden. Ein Teil kann in ein Floß steigen, andere müssen schwimmend das Ufer erreichen. Als Letzter geht der Kommandant von Bord. Sprengladungen detonieren im Bootsinneren. Langsam geht der Zerstörer, der so viele erfolgreiche Feindfahrten durchgestanden hat, tiefer.

Hell heben sich die gelben Schwimmwesten der Männer in dem von Granateinschlägen aufgewühlten und von Heizöl getrübten Wasser ab. Langsam, um Kraft zu sparen, beginnen sie mit Schwimmbewegungen. Sie haben 1.000 Meter vor der Brust, um Land zu erreichen.

Auch Werner Pollak schwimmt um sein Leben. Die anderen deutschen Zerstörer haben zu diesem Zeitpunkt ihren Vorrat an Munition fast aufgebraucht. Es ist aus deutscher Sicht ein schier aussichtloses Ringen gegen eine erbitterte Übermacht des Feindes.

Im dichten Schneetreiben kann Werner Pollak nur erahnen, in welcher Richtung sich das rettende Ufer befinden muss. Und die Dünung bewirft ihn mit immer höheren Wellen. Schon schwappt die erste Woge über ihn, spült eiskaltes Wasser über seinen Kopf. Er treibt in einem See aus Trümmerteilen, Leichen und Schwimmenden, ein jeder kämpft auf sich gestellt ums Überleben. Hie und da fischen Männer auf Flößen oder in Verkehrsbooten Schiffsbrüchige aus der See. Doch niemand ist bei Werner Pollak, der arme Matrose ist zu weit ab vom Schlag. Findet das Ufer nicht. Paddelt verzweifelt im zerwühlten Fjordwasser.

*

Das Seegefecht ist noch in vollem Gange. Unbeirrt arbeiten die Artillerieleitstände und feuern die deutschen Geschütze, wo noch Munition verfügbar ist. Die meisten Zerstörer sind von Anfang an nicht mit voller Kampfbeladung in die Schlacht gestartet, dies rächt sich nun. Die letzten verbliebenen Geschütze decken den Gegner mit Salven ein, der mit seinem Schlachtschiff und neun Zerstörern angreift. Die Fjords vor Narvik sind mit Kriegsschiffen verstopft.

Fregattenkapitän Bey, Bontes Nachfolger, lässt schließlich befehlen: »Ausweichen in den Rombaksfjord!«

Drei Zerstörer nehmen Kurs in den Fjord, immer weiter auf den Gegner feuernd. Mit Abstand folgt ein weiteres deutsches Schiff. Gestaffelt laufen dahinter die englischen Zerstörer der Tribalklasse auf, die als Artilleriezerstörer mit zwei Doppeltürmen auf dem Vorschiff jeder über doppelt so viele Rohre verfügen wie die deutschen Boote. Verfolgt von den Engländern, wehrt sich Beys Truppe verzweifelt gegen die Übermacht.

Die Geschütze fast aller deutschen Zerstörer schweigen jetzt. Die letzten Granaten haben die Rohre der teils noch voll gefechtsfähigen Boote verlassen. Der Kommandant der *Georg Thiele*, Korvettenkapitän Wolff, sieht sie hinter der Landenge von Straumsnes verschwinden, zwei schmale Landzungen springen hier in das Wasser des Fjords und trennen den Rombaken vom Rombaksfjord, dessen letzter Ausläufer der Rombaksbotn ist. Er fasst den Entschluss, den Rückzug der drei Boote in den geschützten Rombaksbotn zu decken. Sein Boot hat später in das Gefecht eingegriffen und kann sich noch einige Zeit wehren.

Er lässt die Fahrt verlangsamen. Langsam steuert er die Strommenge an. Weit voraus liegen schon die anderen Zerstörer, vom Gegner nicht mehr einzusehen. Korvettenkapitän Wolff entscheidet, sich hinter die Landenge von Straumsnes zu legen und von dort den Abwehrkampf zu führen, um den drei anderen Booten Zeit zur Rettung von Besatzung und Gerät zu erkaufen. Es ist besser, sein Boot wird von der ungeheuren Übermacht zusammengeschossen, als dass dem Engländer die Möglichkeit gelassen wird, durch die Enge zu steuern und noch die drei anderen Boote mit Feuer zu belegen.

Jetzt hat Wolffs *Georg Thiele* vier der schweren englischen Zerstörer gegen sich. Aus voller Breitseite feuern sie auf das Boot, das hinter der Enge liegt. Granate auf Granate schlägt in den schon wunden Schiffsleib.

Die Feuerleitanlage für die Torpedowaffe ist ausgefallen Der Torpedooffizier steht auf dem Rohrsatz und löst den letzten Torpedo mit der Hand aus, der als Oberflächenläufer die *HMS Eskimo* auf Höhe der Brücke trifft. Eine gewaltige Detonation wirbelt Schiffsteile durch die Luft. Eine riesige Wassersäule springt auf. Als alles erloschen ist, sehen die Männer den englischen Zerstörer mit weggerissenem Vorschiff aus dem Wasser ragen. Andere Zerstörer kommen dem schwergetroffenen Briten zu Hilfe.

Vor dem Hintergrund der *Eskimo*, in der ein Loch groß wie ein Scheunentor klafft, laufen weitere deutsche Zerstörer auf Grund, ihre Besatzungen gehen von Bord. So schmilzt die deutsche Zerstörermacht vor Narvik dahin.

Unten im Maschinenraum befindet sich Heinz Daschner auf Gefechtsstation. Befehle und die aktuellen Lageentwicklungen werden über die Bordsprechanlage durchgegeben. Die Seemänner können sich ausmalen, dass es nicht gut um sie steht. Mehrere englische Schiffe rücken ihnen auf die Pelle! Und doch schuften sie weiter in der stickigen Luft im Maschinenraum.

Was bleibt ihnen auch anderes übrig?

Dass ein englischer Zerstörer durch einen Torpedo ausgeschaltet worden ist, verkommt zur Randnotiz. Noch feuern zwei Geschütze der *Georg Thiele*. Dann schweigen auch sie. Die Geräuschkulisse wird vollends vom konzentrierten Feuer der britischen Kriegsschiffe erobert.

Der Artillerieoffizier meldet Kommandant Wolff: »Bekomme keine Munition mehr in die Batterie!«

Wolff befiehlt: »Äußerste Kraft voraus. Boot versenken – Boot verlassen!« Sein Gesicht ist steinern. Die

Georg Thiele ist verloren. Er hat aber die drei anderen Zerstörer gedeckt und die *Eskimo* weidwund geschossen.

Die Turbinen heulen auf. Wild wirbeln die Schrauben durchs Wasser. Mit einem Ruck schießt das Boot vorwärts. Hart setzt es auf den Felsen auf und schiebt sich mit der Back auf Land. Über das Vorschiff können die Männer an Land springen und auch die Verwundeten bergen. Andere hüpfen vom brennenden Achterschiff ins Wasser. Als Letzter verlässt Korvettenkapitän Wolff nach Vernichtung der Geheimmittel das Boot.

Die schiffbrüchige Besatzung klettert die steilen Felsen hinauf, Heinz Daschner mitten unter ihnen. Er keucht und schnauft, als er die glitschigen Felsen erklimmt, einen Verwundeten mit sich ziehend. Schneewehen klatschen ihm ins Gesicht, rauben ihm die Sicht. Er sieht kaum die eigene Hand vor Augen. Seine Stiefel verschwinden bis zur Schaftoberkante in der Schneedecke. Der Wind schneidet wie eine Rasierklinge, bringt seine Ohren zum Glühen. Es sind bittere Augenblicke in einer schier menschenfeindlichen Umgebung. Ölfettiger Qualm steigt vom Zerstörerwrack auf, verlegt die Atemwege und beißt in der Lunge. Heinz Daschner hustet erbärmlich und kämpft sich weiter die Felsen hinauf. Seine Finger sind schon ganz taub. Nur weg vom Ufer, hinein in die rettenden Wälder!

Von dem in Brand geschossenen Zerstörer richten sich jetzt die englischen Geschütze auf die deutsche Besatzung, die sich erschöpft durch meterhohen Schnee und vereiste Felslandschaft in Sicherheit bringen will.

Doch es fällt kein Schuss.

Die englischen Zerstörer ziehen schließlich weiter, fahren durch die Landenge von Straumsnes, die die *Georg Thiele* ihnen zuvor verstellt hatte, hinein in den Rombaken und Rombaksbotn. Dort finden sie nur die Wracks der drei anderen deutschen Zerstörer vor. Ihre Besatzungen haben sie längst verlassen und in die Luft gesprengt. Geborsten liegen die Boote dar, eines treibt kieloben, das andere ist mittschiffs durchgebrochen, vom dritten ragt der Bug an Land. Sie sind die stummen Zeugen eines kleinen Sieges, den Korvettenkapitän Wolff erkämpft hat inmitten einer großen Niederlage für die deutsche Kriegsmarine.

Wie eine Schlucht liegt der Rombaksbotn tief eingebettet in hohe Berge. Von beiden Seiten springt der Fels jäh ab zum Wasser. Und in dieser Tiefe von mehreren hundert Metern ist von der Erzbahn aus, die von Narvik zur schwedischen Hafenstadt Luleå am Bottnischen Meerbusen führt, dieses Grab der drei Zerstörer zu sehen. Und weiter voraus in der Sildvikbucht liegt das Wrack der *Georg Thiele*. Ihr Kommandant trägt für diese Tat das Ritterkreuz zum Eisernen Kreuz. Viele seiner Männer aber haben bei Narvik den Tod gefunden.

*

Am anderen Tag spülen mitleidige Wellen Werner Pollaks Leichnam an Land. Gunnar Abrecht muss mit einem Kommando die Küste nach gefallenen Seeleuten absuchen und findet seinen Freund Werner Pollak, aufgedunsen und fahl im nassen, kalten Sand liegen. Er sieht aus wie ein fürchterliches Wesen aus einem anderen Universum. Albrecht bettet ihn weinend auf den Lastwagen und fährt ihn mit den anderen stummen Zeugen der erbitterten Schlacht um Narvik zum Friedhof Taraldsvik. In einem Massengrab schläft er dort mit den anderen der Ewigkeit entgegen.

Und während Narvik zur Tragödie für die deutsche Zerstörerwaffe gereicht, wiegen die persönlichen Schicksale viel schwerer, denn sie stürzen viele hundert deutsche, britische und norwegische Familien ins Unglück. Auch unsere Brandenburger Clique hat sich im Zuge der Operation halbiert.

Noch während Gunnar Albrecht seinen schweren Gedanken nachhängt, blickt er vom Tal der Bucht hinauf zu einer Steilklippe, welche ebendiese Bucht überragt.

Das gleißende Sonnenlicht blendet ihn. Durch die wärmenden Strahlen hindurchblinzelnd, sieht er, klein und schemenhaft, eine Gestalt hinab in die Bucht blicken.

Die warme Frühlingssonne gießt ihren vollen Schein über die friedliche Fjordlandschaft. Unter dem stillen Beobachter liegt die Bucht von Narvik mit ihrem Erzpier, rechts zieht sich der schmale Schlauch des Rombaksfjords hin, links der Beisfjord, beide tief eingebettet in hohe Berge. Weit schweift der Blick in die Ferne bis in den Golfstrom, an den sich der Vestfjord anschließt, geschützt durch die Lofoten-Inseln, gegen die die Wellen des Nordmeeres unablässig branden. Wie ein Gemälde von eindringlicher Wucht wirkt die Farbensymphonie dieser Landschaft. Lichtblau ist der Himmel, in den die weißen Bergspitzen emporragen. Weiter unten ist der Schnee schon vereinzelt weggetaut. Nichts würde an Krieg erinnern, wenn sich nicht hier in Schnee und Eis schon im Polenfeldzug kampferprobte österreichische Gebirgsjäger und Besatzungsmitglieder deutscher Zerstörer eingegraben hätten. Schwere Maschinengewehre und Granatwerfer können das Gelände bestreichen. In den Felsen und kärglichen Waldboden sind die Stellungen eingehauen, von denen aus Gebirgsjäger und Seeleute die ganze Bucht beherrschen. In allen Bergen rings um den Fjord halten sie Wacht.

Der Hafen tief unten bietet ein Bild schrecklicher Verwüstung. Sieben englische Zerstörer hatten in den Morgenstunden des 10. April, dem Tag nach der geglückten Besetzung Narviks durch deutsche Truppen, mit Artilleriegeschützen in den Ort hineingeschossen. Dichtes Schneegestöber mit schlechter Sicht hatte ihnen den Durchbruch ermöglicht. Handelsdampfer und zwei deutsche Zerstörer, die im Hafen vor Anker lagen, wurden durch das englische Feuer getroffen. Mehrere Wracks liegen jetzt in den Hafenbecken von Narvik auf Grund. An einer Stelle ragen nur noch Mastspitzen und Schornstein eines schwedischen Dampfers aus den Fluten. Ein englisches Handelsschiff zeigt seinen Bug noch an der Oberfläche, andere Wracks treiben mit schwerer Schlagseite nach Tagen noch rauchend im Wasser.

Am 13. April wurde das Bild der Verwüstung, das dort unten liegt, vollendet, als stärkste englische Seestreitkräfte den Hafen und die Stellungen in den Bergen mit Feuer belegten. Ein Schlachtschiff, Kreuzer, Flugzeugträger und Zerstörer rückten an und legten Salve um Salve in den Hafen und die Bergstellungen der deutschen Gebirgsjäger. Mit dem Mut der Verzweiflung stellten sich die deutschen Zerstörer dem Kampf und feuerten, selbst schon Wunden im Schiffsleib, bis die Munitionsförderaufzüge keine Granaten mehr heranschaffen konnten, weil alles verschossen war.

Drüben auf der anderen Seite des Herjangsfjords, durch ein Fernglas gut auszumachen, liegt einer der deutschen Zerstörer. Das Boot ist rauchgeschwärzt und aufgebrochen. Der Kommandant hat es auf Sand gesetzt, nachdem die letzte Granate feindwärts flog und ein Kampf nicht mehr möglich war. Zunächst aber vernichtete er alle Geheimsachen, baute mit seiner Besatzung einen Teil der Flamaschinenwaffen ab, barg die Munition dazu, Proviant und Handwaffen, um mit den Gebirgsjägern zusammen die Stellungen um Narvik verteidigen zu können. Nachdem die Besatzung das Boot verlassen hatte, wurde es gesprengt. Als zwei Tage später ein englischer Zerstörer versuchte, des nachts an dem Wrack längsseits zu gehen, fegte ihm ein Hagel von Geschossen aus den Flamaschinenwaffen um die Ohren. Auch ihr todwundes und für den Feind wertloses Boot hat die deutsche Zerstörerbesatzung noch verteidigt.

In den Seekämpfen um Narvik fiel der Führer der Zerstörer, Kapitän zur See und Kommodore Friedrich Bonte. Er führte jenen schnellen und kühnen Vorstoß weit über den nördlichen Polarkreis hinaus an. Seine Männer, die Dutzende gewagtester Unternehmungen mit ihm fuhren, sind zum großen Teil gerettet. Zwei Drittel aller Besatzungen haben die schweren Kämpfe gegen die englische Übermacht durchgestanden. Sie liegen weiter unten, in Schnee und Eis eingegraben, wie sie es sich von ihren österreichischen Kameraden abgeguckt haben.

Eine der hellen Nächte hoch im Norden über dem Polarkreis ist es, in der jene Gebirgsjäger zusammen mit einer Einheit von geretteten Seeleuten eines deutschen Zerstörers zum letzten Stoß gegen die vom Feind verteidigte Erzbahn anrücken. Die Bahn von

Narvik führt über Straumsnes, Sildvik und Hunddalen bis zur Grenzstation Bjørnfjell an der norwegisch-schwedischen Grenze und von dort weiter durch das nordschwedische Erzgebiet von Kiruna nach Luleå, dem anderen Erzausfuhrhafen am Bottnischen Meerbusen. Sie ist die Lebensader Narviks. Von dieser Stadt bis zur Grenzstation Bjørnfjell misst sie gerade 38 Kilometer. Entlang des Rombaksfjords und Rombaken ist sie in den Fels geschlagen. Es gibt keine Straße zur Grenze. Wer hier gehen will, muss über die Schwellen der Erzbahn durch ein hochgebirgiges Gelände marschieren, das baumlos ist, ohne Gestrüpp, wie in der Arktis. Auf dem letzten Streckenabschnitt haben sich norwegische Truppen festgesetzt. Sie sind in Häusern oberhalb der Nordalbrücke, einer der nördlichsten europäischen Eisenbahnbrücken, stark verschanzt und halten vor allem die Grenzstation Bjørnfjell besetzt.

Aus einem langen Tunnel oberhalb Hunddalen tritt man unmittelbar auf ein Viadukt, das ein tiefes Tal überspannt, dabei handelt es sich um ebenjene Nordalbrücke. Drei Pfeiler und ein Stück der Schienen haben die Norweger gesprengt, das sieht der Spähtrupp sofort, der sich als Vorhut durch den Tunnel vorgearbeitet hat und an seinem Ausgang die Brücke und das Gelände weit überschauen kann.

An den Bahnstationen um Hunddalen treffen sie einige hundert Männer der deutschen Zerstörer, welche nach dem Seegefecht vom 13. April unten im Fjord ihre Schiffe verlassen mussten und unter stärkstem englischen Feuer den schwierigen Aufstieg durch Schnee und Eis aufwärts zur Erzbahn unternahmen.

Nach den sonnigen Tagen ist das Wetter heute diesig. Stunden schon rieselt seichter Regen hernieder. Es ist mühsam, sich auf Skiern über den Pappschnee zu arbeiten oder auch zu Fuß zu marschieren. Oben auf den Bergen weht es heftig. Dichte Nebelschwaden senken sich auf die Gipfel und verwandeln sie in schattenhafte Spitzen, die aus dem Land emporschießen.

Entlang der Bahnstrecke liegen überall die geretteten Mannschaften der deutschen Zerstörer in Stellung. Nur an wenigen Stellen ist die Erzbahn vom Fjord aus nicht einzusehen, daher müssen sie sich vorsehen. Seitdem Bontes Zerstörer durch die englische Übermacht vernichtet worden sind, besetzen britische Zerstörer und Kreuzer die Wasserstraßen und fahren diese suchend auf und ab. Täglich nehmen sie die Erzstrecke mit ihren zahlreichen Tunnels unter Beschuss. Sie halten Ausschau nach jeder Form von Bewegung entlang der Bahn, um mit ihren Geschützen oder Flamaschinenwaffen das Feuer darauf zu eröffnen. Auch im Schutz der Dunkelheit können die deutschen Truppen und versprengten Matrosen sich kaum rühren, denn immer mehr schwindet an diesem Breitengrad der Unterschied zwischen Tag und Nacht. Von 23 bis 2 Uhr dämmert es, dann steigt hinter den Bergen wieder die Sonne empor.

An diesem Tag aber tarnt das diesige Wetter jene deutschen Einheiten, die sich langsam entlang der Bahnstrecke vorarbeiten. Sie kommen schneller, als es in den hellen Nächten der Vortage der Fall gewesen wäre, und bleiben dennoch unentdeckt.

An der zweiten Bahnstation hinter Narvik springen zwei schmale Landzungen unten in den Fjord. Es ist die Landenge von Straumsnes. Sie trennt den Rombaksfjord vom Rombaken, der im Rombaksbotn endet. Nur wenige hundert Meter ist die Enge breit. Hart am Ufer, wo der Berg jäh abspringt zum Fjord, ragt der Bug eines deutschen Zerstörers über Wasser: es handelt sich um die Überreste der *Georg Thiele*. Rußgeschwärzt ist die Back. Das Wrack ist winzig gegenüber den himmelstürmenden Bergen. Es ist ein stummer Zeuge der Katastrophe von Narvik, die die Kriegsmarine einen bedeutenden Teil ihrer Zerstörerflotte und viele gute Männer gekostet hat.

Jener in der Landenge von Straumsnes ruhende Zerstörer war es, der am 13. April bei dem Seegefecht vor Narvik den Rückzug von drei anderen deutschen Zerstörern deckte, die weiter hinten vom Feinde unbehelligt Besatzung und Gerät an Land brachten, nachdem sie vor Narvik die letzte Granate verschossen hatten.

Im konzentrierten Feuer mehrerer englischer Zerstörer verteidigte Korvettenkapitän Wolff, der Kommandant der *Georg Thiele*, die Landenge gegen das Eindringen der britischen Seestreitkräfte. Als ihm der Artillerieoffizier melden musste, dass er keine Munition mehr in die Batterien bekomme, ließ er den Zerstörer auf Land setzen. Seine Tat, die unter rücksichtslosem Einsatz von Boot und Besatzung erfolgte, ist besonders bedeutungsvoll. Nicht nur gelang ihm und seiner Mannschaft, den britischen Zerstörer *HMS Eskimo* außer Gefecht zu setzen, auch erkauften sie ihren Kameraden auf den anderen Zerstörern wertvolle Zeit.

Weiter aufwärts der Erzbahn, vor Hunddalen, entdeckt die vormarschierende Truppe das Zerstörergrab im Rombaksbotn. Hier mussten die drei Zerstörerbesatzungen nach dem Seegefecht ihre Boote sprengen, als kein Schuss Munition mehr vorhanden war. Ausgebrannt und zerfetzt liegen die drei Kriegsschiffe im öligen Wasser des Rombaksbotn halb über Land.

In der Morgenfrühe des 16. Aprils, acht Tage nach der Besetzung Narviks, stehen die Truppen in dem langen Tunnel vor dem Viadukt bereit zum Vorgehen, um auch noch den letzten Abschnitt der Erzbahn vom Feind zu säubern. Als sich die Vorhut aus dem Tunnel vorarbeiten will, peitschen ihnen norwegische MG-Garben aus verschiedenen Häusern jenseits der Nordalbrücke entgegen. Starkes Feuer aus schweren deutschen Maschinengewehren, das in die Holzhäuser der Norweger hineinfegt, bringt den feindlichen Widerstand bald zum Schweigen. Rufend verlassen die Norweger ihre Stellungen. Sie fallen im Feuer des deutschen Angriffs oder werden gefangengenommen.

Nach der Brechung des ersten Widerstandes stoßen die deutschen Truppen mehrere Kilometer weiter östlich entlang der Erzbahn vor. Die Sonne steht schon über den Bergen. Da lässt Motorengeräusch alle in Fliegerdeckung gehen. In unmittelbarer Nähe eines Teiles der vorgehenden Truppe landet ein norwegisches Militärflugzeug auf Schneekufen auf einem zugefrorenen See. Durch sofortiges MG-Feuer und den Angriff einiger Skiläufer kann die Flugzeugbesatzung gefangengenommen werden. Der Kommandeur des norwegischen Militärflugplatzes Bardufoss höchstpersönlich ist damit in deutsche Gefangenschaft geraten.

Der deutsche Angriff wird weiter gegen Bjørnfjell, der Grenzstation an der norwegisch-schwedischen Grenze, vorgetragen.

Auf einer Höhe hat sich der Feind mit einem schweren Maschinengewehr verschanzt. Eine Abteilung umgeht die norwegische Stellung und stürmt sie aus der Flanke heraus. Aus Skihütten und dem Stationsgebäude werden die deutschen Einheiten im Anschluss stark beschossen. Aber unter Ausnutzung der vorzüglichen Geländedeckung setzen Gebirgsjäger und Seeleute zum Angriff an. Durch energische Feuerbekämpfung ist der norwegische Widerstand in kurzer Zeit gebrochen.

Immer näher schieben sich die Gebirgsjäger und Marinesoldaten an den Gegner heran. Ein letzter kraftvoller Stoß, und der Feind flüchtet ziel- und planlos. Er läuft in das deutsche MG- und Gewehrfeuer, flüchtet über die norwegisch-schwedische Grenze oder lässt sich gefangen nehmen. Viele der Norweger sind verstört, sie zittern am ganzen Leib. Dutzende sind verwundet, einige sterben, und die Deutschen verfügen weder über ausreichend Verbandszeug, noch über genügend medizinisches Personal, um alle Verwundeten zu versorgen. Bald beginnt der Schneefall damit, die Opfer dieses Kampfes im hohen Norden Europas zuzudecken.

Der 16. April ist ein Tag des stolzen Erfolges für die *Kampfgruppe Narvik*: zwei Stabsoffiziere gefangen, darunter den Kommandeur der »Region Narvik«, sowie sieben weitere Offiziere. 60 Gefangene sind ferner gemacht worden. Der schwedische Grenzkommandant gibt die Zahl der übergetretenen und in Schweden internierten Soldaten mit 150 an. Zahlreiche Gefallene liegen auf dem Kampffeld, während auf deutscher Seite an diesem Tag nur ein Unteroffizier gefallen ist. Die deutsche Kampfgruppe hat kaum genug Lebensmittel und Nachschubgüter, um ihre eigenen Soldaten zu versorgen. So bedient sie sich bei der Bevölkerung, und hat doch oft nicht genug, um die vielen Gefangenen adäquat zu verpflegen.

Seit jenem 16. April ist die Erzbahn von Narvik bis zur Grenze in deutscher Hand. Auf den Schienensträngen dieser Bahn erhielt England ein Drittel seiner gesamten Erzeinfuhr aus den nordschwedischen Gruben bei Kiruna; über den Schienenstrang liefen auch Lebensmittel und Holz aus Finnland und Schweden, weil der Weg über den Bottnischen Meerbusen und die Ostsee zu unsicher geworden ist.

*

In einem Blockhaus im nördlichsten Kampfabschnitt des Krieges gegen Frankreich und England stehen Offiziere, Unteroffiziere und Soldaten vor einem Mann, der in die deutsche Geschichte als der Verteidiger von Narvik eingehen wird. Generalleutnant Eduard Dietl, Kommandeur einer in Graz beheimateten österreichischen Gebirgsdivision, hat an diesem Tage durch Funkspruch die Mitteilung erhalten, dass Adolf Hitler, der Führer und Oberste Befehlshaber der Wehrmacht, ihm das Ritterkreuz zum Eisernen Kreuz verliehen hat. Im Divisionsgefechtsstand nimmt Generalleutnant Dietl die Glückwünsche seines Stabes und Unterstabes entgegen. Seit dem 9. April, da der General nach dem durch Kommodore Bonte geführten Vorstoß mit seinen zehn deutschen Zerstörern Narvik in deutsche Hand brachte, trägt er die Verantwortung in einem Kampfabschnitt, den Norweger, Polen, Franzosen und Engländer mit stärksten Kräften angreifen, um den wichtigen Erzhafen wieder in ihren Besitz zu bringen.

Mitten unter seinen Soldaten steht also dieser General, dessen Ruhe und Sicherheit auf die kämpfende Truppe übergeht. Sie weiß, dass sie überlegenen Feindkräften gegenübersteht und starke englische Seestreitkräfte mit ihren Geschützen die Erzbahn ent-

63

lang des Rombaksfjords und Rombaken beherrschen. Sie weiß aber auch, dass die deutschen Stellungen unter allen Umständen zu halten sind. Die Alternative lautet Gefangenschaft, lautet Tod, denn die Gebirgsjäger und gestrandeten Seeleute, insgesamt keine 5.000 Mann an der Zahl, sehen sich, abgeschnitten von der Heimat, der fünffachen alliierten Übermacht gegenüber. In Fels und Eis haben sich die Matrosenbataillone der deutschen Zerstörer Stellungen geschaffen, mit denen sie die Erzbahn von Narvik bis zur schwedischen Grenze beherrschen. Andere Kompanien geretteter Besatzungsmitglieder stehen nordwestlich von Narvik in der Hauptkampflinie gegen norwegische Bataillone, französische Alpenjäger und wenige englische Truppen. Hier haben die österreichischen Gebirgsjäger die Hauptlast des Kampfes zu tragen, um die Angriffe der Norweger und der bei Harstad, im Gratangen und im Herjangsfjord gelandeten feindlichen Truppen abzuwehren. Und südlich von Narvik rücken die bei Ankenes gelandeten drei polnischen Bataillone gegen die nur von einer Kompanie besetzten deutschen Stellungen vor. Die Schlinge zieht sich zu, und Dietl weiß, wie ernst die Lage ist. Diese von starken Feindkräften hart bedrängten Stellungen kann nur ein Mann verteidigen, der ein überlegener Stratege ist und mit Mut und Schneid die kämpfende Truppe zur letzten Bereitschaft anspornt. Als erfahrener Kenner des Gebirgskrieges fährt er viele Stunden durchs Gelände, erkundet Stellungen, hört die Berichte der Bataillonskommandeure und Kompaniechefs, beobachtet Transportkompanien der Seeleute auf dem Weg zu vorgeschobenen Sicherungen, steht 19 Stunden auf den Brettern, um selbst die Lage beim hart bedrängten Regiment des Obersten Windisch zu erkunden. Dietl kennt keine Rast, keine Ruhe, die Erschöpfung kämpft er nieder, auch wenn sie ihm aus dem Gesicht spricht.

1890 in Bad Aibling in Oberbayern geboren, tritt Eduard Dietl nach dem Gymnasialbesuch 1909 beim 5. Bayrischen Infanterie-Regiment »Großherzog Ernst Ludwig von Hessen« in Bamberg als Fahnenjunker ein. Bei Ausbruch des Großen Krieges ist er Leutnant und Zugführer in einer Maschinengewehr-Kompanie im Westen. Dreimal wird er verwundet, erwirbt sich an der Somme das Eiserne Kreuz I. Klasse und ist dann auf mehreren Adjutantenstellen tätig.

Der Frieden von 1918 gibt ihm keine Ruhe. Im Freikorps des Ritters von Epp kämpft er als Kompanieführer mit äußerster Härte in München gegen die Kommunisten. Mehrere Jahre ist er Kompaniechef beim 19. Infanterie-Regiment.

Bereits im Jahre 1919 lernt er Hitler kennen, als dieser seinen Kampf gegen die Weimarer Republik und die Demokratie beginnt. Männer aus Dietls Kompanie stellen in Zivil Saalschutz für Versammlungen der NSDAP zu einer Zeit, da nur wenige Menschen um die Nationalsozialisten überhaupt wissen. Eduard Dietl ist durch und durch von der nationalsozialistischen und völkischen Ideologie der NSDAP durchströmt, und wird eines der ersten Mitglieder ihrer Vorgängerpartei, der DAP.

Seine soldatische Laufbahn führt ihn dann als Kommandeur des Gebirgsbataillons seines Regiments nach Kempten, später als Inspekteur und Taktiklehrer an zwei Infanterieschulen. Er wird Oberstleutnant beim Stab seines Regiments und dann Kommandeur des Gebirgs-Regiments 99. Er führt seine Einheit 1938 ins angeschlossene Österreich und wird Kommandeur der 3. Gebirgsdivision in Graz. Im gleichen Jahr marschieren seine Truppen ins Sudetenland ein, und im Krieg gegen Polen über die Hohe Tatra mit überholenden Verfolgungen 620 Kilometer bis an den San. Nach langen Monaten des Einsatzes in den Vorfeldern des Westwalles werden schließlich kleine, aber ausgesuchte Teile seiner Division mit der Besetzung Narviks beauftragt.

Die jetzige Aufgabe Dietls wiegt schwer. Nicht weniger als die Verteidigung Narviks gegen eine see- wie landseitige gegnerische Übermacht wird von ihm erwartet! Sorgenvoll studiert er seine Lagekarten und gibt acht, dass sich sein angespannter Gemütszustand nicht auf die Männer überträgt.

*

13 Kilometer Luftlinie nördlich von Narvik liegt am Ende des Herjangsfjords Bjerkvik. Es ist ein kleines Fischerdorf wie viele in den zahlreichen Fjorden Nordnorwegens. Mehrere hundert Menschen wohnen in einigen Dutzend Häusern, die vom Ufer bis den Bergabhang hinan ausgebreitet liegen. Hier sind am 9. April aus den deutschen Zerstörern auch Truppen angelandet worden, sie sollten den Flankenschutz gegen die weiter südlich entlang der Südseite des Rombaksfjordes und Rombaken entlanglaufende Erzbahn bilden.

In den Bergen oberhalb Bjerkviks und Elvegårdsmoen haben sie Stellungen bezogen, um Feindtruppen ein Vordringen auf die Erzbahn zu verwehren. Ein Marinebataillon geretteter Besatzungsmitglieder eines deutschen Zerstörers hat jetzt die unmittelbare Auffangstellung in der Nähe des Fjords bezogen.

Es ist Pfingstsonntag. In der Heimat grünt und blüht alles. Hier oben, hoch über dem nördlichen Polarkreis, kämpft der Winter mit dem Sommer. Die Berggipfel sind noch mit Schnee und Eis gepanzert, während in den Tälern rauschende Bäche und Wasserfälle die Zeit der großen Schneeschmelze ankündigen. Heute, am Pfingsttag, ist das Wetter besonders diesig. Die Sicht ist nur gering. Schneeböen peitschen um die Berge und durch die Täler.

Als der Sturm gegen 22 Uhr in den hellen Nächten des hohen Nordens wieder einmal freie Sicht gibt, sieht der Posten aus dem Ofotenfjord die Umrisse eines großen Kriegsschiffes auftauchen. Das ist an sich nichts Außergewöhnliches. Täglich stehen die deutschen Stellungen unter Beschuss durch die englische Schiffsartillerie, die, von der Luftwaffe bedrängt, die Fjorde im Raum von Narvik blockieren. Als aber hinter dem großen Kriegsschiff, das der Posten als englisches Schlachtschiff ausmachen kann, vier feindliche Kreuzer mit acht Zerstörern und drei Handelsschiffen auftauchen, gibt er Alarm an den Bataillonsgefechtsstand. Einen Augenblick steht noch nicht fest, ob die sechzehn Seeeinheiten Narvik ansteuern oder Kurs in den Herjangsfjord nehmen. Nach 15 Minuten weiß der Bataillonskommandeur, dass die feindlichen Streitkräfte tatsächlich in den Herjangsfjord einlaufen. Minuten später sind alle Stellungen verstärkt besetzt, denn bei diesem Aufgebot wird der Gegner einen Landungsversuch unternehmen. Durch Funk werden die benachbarten Kompanien verständigt und Meldung an den Regiments- und Divisionsgefechtsstand gegeben. Sie sollen die deutsche Auffangstellung verstärken.

Unmittelbar unter Land gehen die feindlichen Seestreitkräfte in Gefechtsstellung. Mit ihrer vollen Breitseite legen sie sich vor Bjerkvik, und in der Mitter-
nachtsstunde rollt die erste Salve aus den 80 Rohren
der 13 Kriegsschiffe aus kurzer Entfernung auf das Fischerdorf. Die Häuser am Ufer sinken sofort in Trüm-
mer. Brände brechen aus, und in das Echo der Ab-
schüsse mischt sich das Schreien von Frauen und Kindern, die englische Granaten aus dem Schlaf werfen.
Das Feuer wird höher verlegt. Planmäßig kämmt der
Engländer den gesamten Ort ab. Es ist einmal mehr
die norwegische Zivilbevölkerung, die im Ringen der
fremden Großmächte zerrieben wird und großes Leid
zu ertragen hat. Männer, Frauen und Kinder, die zuerst in die Keller geflüchtet sind, müssen diesen Un-
terschlupf rasch verlassen, denn über ihnen lodern die
Flammen ihrer zumeist aus Holz gebauten Häuser. Im
Feuerschein erkennen die englischen Beobachter
flüchtende Menschen, halten sie fataler Weise für
Deutsche und erteilen Feuerfreigabe. Feinen Salven
der Flamaschinenwaffen jagen den Fliehenden wie
goldene Bindfäden hinterher. Bis zu den deutschen
Stellungen, die oberhalb und seitwärts des Ortes liegen, dringt das Schreien der Menschen, in das immer
wieder der Hagel der Geschosse aller Kaliber vom
10,5 Zentimeter der Zerstörer bis zum 38 Zentimeter
des Schlachtschiffes schlägt.
Zwei Stunden schießt die englische Schiffsartillerie
ununterbrochen auf die vermeintlichen deutschen
Truppen. Die Angstrufe der Zivilisten werden immer
schwächer, viele zerstreuen sich unter den Augen der
deutschen Verteidiger in die Wildnis. Was aus ihnen
wird, aus Frauen und Kindern, aus zerrissenen Familien, auf sich gestellt, ohne Essen, bleibt unklar.

Gegen 2 Uhr setzt der Gegner mit französischen Fremdenlegionären zur Landung an. Vorsichtig kommen die Boote näher. Sie machen sofort kehrt, als die ersten Feuerstöße aus deutschen Maschinengewehren einschlagen. Der Gegner aber hat jetzt die deutschen MG-Stellungen der vorgeschobenen Sicherungen außerhalb des Ortes erkannt. Zwei weitere Stunden richten die 80 Rohre ihr Feuer auf diese Sicherungen. Im Trommelfeuer wird mancher Landser wahnsinnig oder im höllenheißen Explosionsgewitter zu feinen Partikeln zerrieben, sodass nichts von ihm übrig bleibt, das man begraben könnte.

Am abfallenden Hang nur schlecht gedeckt, müssen sich die Vorposten, die im Artilleriefeuer noch nicht gefallen sind, bis zur Hauptkampflinie zurückziehen. Nach den zwei Stunden weiteren vernichtenden Beschusses landen die Franzosen mit 35 bis 40 Booten, drängen hinein in die Überreste von Bjerkvik. Ihre Hurra-Rufe ersticken im Hagel der Maschinengewehre an der deutschen Hauptkampflinie, an der vor allem bewährte österreichische Gebirgsjäger stehen. Der Feind wird unter schweren Verlusten auf beiden Seiten vorläufig zum Stehen gebracht.

*

Über den hohen Bergen in der Bucht von Narvik steht heute ein blassblauer Himmel. Ein leichter Nordostwind treibt feine weiße Wölkchen vorüber. Von einer Stellung in dem Bergmassiv hinter dem Hafen kann man heute meilenweit in den Ofotenfjord und den angrenzenden Westfjord schauen. Der Blick schweift über die Stadt, der von den wochenlangen Kämpfen schwere Wunden geschlagen sind, und den

Hafen, in dem über zwei Dutzend Wracks als Zeugen erbitterten Ringens liegen, dorthin, wo die Farben des Fjords, der hohen Berge und des Himmels ineinander übergehen.

Das Glas des Beobachtungspostens überbrückt auch diese Entfernung. Winzige schwarze Punkte sind auf dem Wasser auszumachen. Die Beobachtungsstelle meldet nach unten: »Feindliche Kriegsschiffe querab Ramnes steuern die Bucht an!«

Die Punkte rücken näher. Ein Kreuzer und drei Zerstörer sind nach einiger Zeit auszumachen, die wahrscheinlich ihren Patrouillendienst vor Narvik entlang der Erzbahn im Rombaksfjord und im Herjangsfjord versehen wollen. Die feindlichen Schiffe sind gute Bekannte der Männer in den Stellungen. Sie kennen sie von den täglichen Besuchen, bei denen sie auch die Wirkung und Schießtechnik der gegnerischen Artillerie zu spüren bekommen.

Gegenüber den ersten Tagen der Inbesitznahme Narviks durch deutsche Truppen hat sich viel geändert. Nach dem Seegefecht vor jener norwegischen Hafenstadt, das mit dem Niedergang der restlichen deutschen Zerstörer endete, konnten feindliche Kriegsschiffe vor Narvik ungehindert wenige hundert Meter von der Hafenpier und vor der Erzbahn vor Anker gehen. Die kleine *Kampfgruppe Narvik* besaß nach dem Verlust der deutschen Zerstörer keine Artillerie, um feindliche Kriegsschiffe abzuwehren. Seit den siegreichen deutschen Schlägen in Süd- und Mittelnorwegen konnte die deutsche Luftwaffe aber in immer stärkerem Maße der *Gruppe Narvik* Entlastung bringen und den feindlichen Seestreitkräften empfindliche Verluste zufügen. So konnte unter anderem das polnische Kriegsschiff *ORP Grom* im Rombaksfjord durch Heinkel-Bomber versenkt werden, als es deutsche Truppen zu Lande beschoss. Das kam so:

An der Nordfront, wo das Gebirgsjägerregiment des Obersten Windisch seit Wochen die Hauptlast des feindlichen Angriffs unter dem Druck mehrerer norwegischer Elitebataillone zu tragen hat, werden seine Männer regelmäßig aus den Kanonenrohren gegnerischer Zerstörer beharkt, die den Rombaken entlang der Erzbahn auf- und ablaufen. Als »Zerstörer vom Dienst«, wie die Gebirgsjäger das sie täglich mit Granaten segnende Boot nennen, tat sich besonders jenes polnische Schiff mit dem Namen *ORP Grom* hervor. Stunden lag es still und beobachtete scharf jede Bewegung auf den Schwellen der Bahn, die auch die einzige Gehverbindung von Narvik zur schwedischen Grenze ist. Vor- oder zurückrückende Verbände, Transportstaffeln und auch einzelne Stafettenläufer beschoss es mit seiner Artillerie oder seinen Flamaschinenwaffen. 17 Granaten steht der Rekord auf einen österreichischen Gebirgsjäger, der als Stafettenläufer von Hunddalen nach Narvik lief und an einer der vielen ungedeckten Stellen, die von den feindlichen Seestreitkräften auf der Erzbahn eingesehen werden können, ebenjene 17 Granaten zugedacht bekam.

»Dös war sakrisch guat!«, sagte er, als er wieder aus seiner guten Deckung hervorkriechen konnte.

Eines Tages aber hatte die Stunde der *Grom* geschlagen. Über die Berge des Fjords fegte in niedriger Höhe eine He 111. Durch den Motorenlärm, der in den tiefen Einschnitten der Fjorde ein vielfaches Echo weckt, schon unruhig geworden, fuhr der polnische Zerstörer mit voller Fahrt davon. Seine Flamaschinenwaffen fingen an zu bellen, da erwischte ihn eine deutsche Bombe mittschiffs. Munitionskammern flogen in die

Luft, und nach wenigen Minuten hatte das Boot so starke Schlagseite, dass sich kein Mensch mehr an Oberdeck zu halten vermochte. Nach einer Viertelstunde war der Pole im Wasser des tiefen Fjords verschwunden. Die Männer sprangen aus den Stellungen. Sie riefen und jubelten hinter der He 111 her, die in der Ferne verschwand, immerhin war die *Grom* für einige Schwerverwundete und Tote unter ihnen verantwortlich. Wie ein Lauffeuer ging es die Strecke entlang durch alle Stellungen: »Der Pole ist geknackt!«

Die vier Kriegsschiffe, die jetzt in den Fjord einlaufen, sind klar zum Gefecht. Überall erkennt man die Kriegswachen. An den Flawaffen sind sie sogar verstärkt – das Schicksal der *Grom* macht die englischen Seemänner nervös. Die Posten auf der Brücke spähen in den leicht bewölkten Himmel. Da dringt Motorengeräusch aus der Luft, das sich in dem engen Landschaftskessel fängt und verstärkt wird. Auf den feindlichen Einheiten wird es lebendig. Auf den Decks schrillen sicherlich die Alarmglocken oder Sirenen.

Jetzt ist sie am Himmel sichtbar: eine Kette von Ju 88-Kampfflugzeuge! In unheimlich schneller Fahrt schießen sie dahin, gehen blitzschnell nieder, um ihre Ziele zu suchen. Die Engländer drehen auf. Dicker Qualm dringt aus den Schornsteinen. Mit hoher Heckwelle laufen die Schiffe wieder aus der Bucht aus, um das freiere Wasser des Ofotenfjords zu gewinnen, in dem sie bessere Ausweichmanöver fahren können. Doch immer tiefer kurven die Jus! Die drei Zerstörer beginnen mit der Abwehr. Dumpf und träge poltern die englischen 4-Zentimeter-Flamaschinenwaffen. Da übertönt eine ungeheure Detonation die gesamte englische Flugabwehr. 40 Meter hoch steigt eine riesige Wassersäule, drei- oder viermal so hoch wie die Aufbauten des Zerstörers, von dessen Backbordseite sie in 20 Meter Abstand ins Wasser fällt. Alle vier britischen Einheiten fahren wilde Kurven und verstärken ihre Abwehr. Ungeachtet der schwarzen Flakwölkchen, mit denen der Himmel gepudert wird, kleben die deutschen Kampfflieger an dem gegnerischen Verband.

Wieder bersten zwei Bomben, die von unerhörter Explosivkraft sein müssen, in unmittelbarer Nähe des Kreuzers und eines der Zerstörer. Einsam in schwindelnder Höhe ziehen die deutschen Maschinen ihre Kurven. Da! Eine stürzt sich noch tiefer herab. Man spürt: Jetzt muss sie auslösen, da erzittert die Luft durch ein metallisches Klirren. Wo vor Sekunden nur das Aufblitzen der Flugabwehrgeschütze eines englischen Zerstörers sichtbar war, steht jetzt eine Feuersäule, durch die sich eine dichte, schwarze Qualmwolke wälzt. Sie verhüllt alles. Breit und schützend legt sie sich über das Wasser. Aus dieser Wolle dringt kein Flakfeuer mehr. Erst nach langen Minuten lichtet sie sich und lässt das Wrack des englischen Zerstörers erkennen, der mittschiffs durchgebrochen ist. Vor- und Achterschiff stehen steil im Fjord. Sie sinken Meter um Meter. Trümmerteile bedecken die Stelle. Zwischen ihnen lässt das Glas Punkte erkennen, die sich bewegen: schwimmende Seeleute, die von der vernichtenden Detonation ins Wasser geschleudert wurden.

Die drei Flugzeuge drehen ab und steuern wieder ihren Heimathafen an. Die beiden Zerstörer, die dem Bombardement entronnen sind, suchen die Untergangsstelle ihres unglücklichen Kameraden ab und bergen noch einige Schiffsbrüchige. Dann gehen sie längsseits des Kreuzers, aus dessen Vorschiff noch nach einer halben Stunde Qualm dringt.

Langsam schleicht der Verband zum Ausgang des Ofotenfjords. Eine schwarze Rauchfahne zeichnet den Weg, den die englischen Schiffe nehmen. In der Stellung auf dem Berg umarmten sich die Männer beim Beginn des Bombenangriffs. Sie liefen aus ihren Deckungsgräben, sprangen auf die Böschungen, jubelten und winkten den Fliegern zu, und nach Stunden noch sitzen sie in ihren Unterständen, malen ein Kreuz an die Wand und schreiben das Datum darüber. Einige Kreuze zieren bereits die Wände, sie stehen für stark beschädigte oder vernichtete gegnerische Kriegsschiffe, die vor den Augen der Männer in den Bergstellungen und Narvik von deutschen Kampfflugzeugen bombardiert wurden. Seitdem Trondheim in deutscher Hand lag, vermochte die Luftwaffe vermehrt im Raum Narvik einzugreifen.

*

Entlang der Erzbahn, vorbei am Rombaksfjord und Rombaken mit ihren zahlreichen Tunnels, haben Matrosenbataillone gestrandeter Zerstörerkämpfen ihre Stellungen weiter ausgebaut. Der Feind kann die Bahnlinie in einer Länge von über 20 Kilometern durch seine Schiffsartillerie vom Fjord und Rombaken aus beschießen. Mehrmals täglich marschiert der britische Zerstörer vom Dienst auf und ab. In schneller Fahrt kommt er an, die Geschütze auf die deutschen Stellungen gerichtet. Auf jede verdächtige Bewegung eröffnet er das Feuer. Vor drei Wochen war das noch anders. Da fuhren die Engländer in aller Gemütsruhe entlang der Erzbahn. In der Brückennock lümmelten sich die Wachoffiziere, und die Tommies sonnten sich an Deck. Nach kurzer Zeit waren schwere deutsche

MG in Stellung gebracht, und als wieder ein Zerstörer vom Dienst dösend im Rombaken langsam herumschwabberte, fegten ihm Schnellfeuergarben um die Ohren. Seitdem sind die sonnigen Tage vorbei; Feuerstöße der Maschinengewehre werden mit der Schiffsartillerie beantwortet. Es ist dieser ungleiche Kampf, der täglich tobt zwischen Deutschen und Alliierten, dabei weiß General Dietl, dass er im Grunde auf verlorenem Posten steht, dass seine Kampfgruppe, abgeschnitten von der Heimat und umzingelt von Engländern, Norwegern, Polen und Franzosen in schwindelerregender Überzahl, dem Untergang geweiht ist. Und doch lässt er die Kämpfe fortsetzen, so wie es der Führungsstab des Heeres befohlen hat. Auch Fregattenkapitän Erich Bey, Bontes Nachfolger und ranghöchster Marineoffizier vor Ort, sieht keine Alternative zum Widerstand bis zur letzten Patrone.

Immerhin sind die Stellungen der Kompanien geretteter deutscher Seeleute durch die zahlreichen Tunnels so sicher, dass ihnen kein Artilleriebeschuss etwas anhaben kann. Und ein Landungsversuch des Feindes an der Bahnlinie, von der der Fels steil abspringt zum Fjord, wäre ein Unternehmen, das im Kugelhagel deutscher und erbeuteter norwegischer MG ersticken würde.

Drei Gefallene sind an diesem Tag zur letzten Ruhe begleitet worden. Im Angesicht der hohen Berge und rauschenden Wasserfälle, die jetzt die Sonne aus ihrer Eisstarre weckt, schlafen sie der Ewigkeit entgegen.

An einem sehr diesigen Tag flogen in den frühen Vormittagsstunden sechs britische Flugzeuge unter Sicherung von drei Jägern einen Bombenangriff auf die Erzbahn und die Grenzstation Bjørnfjell. Ein Offizier, in diesen Tagen gerade vom Oberfähnrich zum

Leutnant befördert, und zwei Unteroffiziere der Kriegsmarine wurden dabei tödlich getroffen. Kameraden haben ihnen in fremder Erde mit der Spitzhacke ein Grab in das felsige Gestein geschlagen. Ihre toten Körper ruhen in Decken gewickelt und mit der Kriegsflagge des Reiches bedeckt, in der offenen Gruft. Der verwundete und gerettete Kommandant eines deutschen Zerstörers sagt den Toten in der Einsamkeit der Landschaft an der norwegisch-schwedischen Grenze einige Abschiedsworte. Eine Gewehrsalve ist der letzte soldatische Gruß an die toten Kameraden. Und wieder hat die Operation Weserübung, mit der der Angriff auf Norwegen durch deutsche Truppen bezeichnet wird, hat dieser vermaledeite Krieg, junge Männer getötet und Familien ins Unglück gestürzt.

*

Eines Tages kommen sie angebrummt, Hermann Görings »himmlische Heerscharen«. Durch Funkspruch ist schon angekündigt, dass Fallschirmjäger als Verstärkung der Gebirgsjäger und Marinesoldaten bei Narvik abgesetzt werden sollen. Eine Staffel der guten alten Ju 52 braust heran. In zehn und 20 Meter Höhe kurven die Maschinen über dem Landeplatz. Sie gehen wieder hoch. Zwei Munitionsbehälter lösen sich, hinter ihnen springen die ersten drei Soldaten. Die weißen Fallschirme blähen sich auf, und am blassblauen Himmel pendeln deutsche Fallschirmjäger. Sie gleiten zu Boden, machen eine Rolle, springen auf und reißen ihren Schirm zusammen, bevor er sie mitschleift.

Hundert hilfreiche Hände stehen bereit. Sie bergen Schirme und Gerät und sind außer sich vor Freude, Verstärkungen wie ein Geschenk des Himmels von oben zu bekommen. Und dann erzählen die Fallschirmjäger, dass es ihnen anders geworden sei, als sie das Gelände sahen. Denn nur an wenigen Stellen sind zusammenhängende große Schneeflächen auszumachen. Die Kraft der Sonne hat in den letzten Tagen viel Schnee weggetaut, überall schauen nun schroffe Felsen heraus. Der Absprung ist aber gut gegangen.

Drei Wochen befanden sich die Jäger in norwegischer Gefangenschaft in Dombås und Åndalsnes. Für die schlechte Behandlung dort wollen sie es den im Raum von Narvik noch kämpfenden norwegischen Bataillonen heimzahlen.

Es sind tollkühne Kerle, jung, hart und vertraut mit den schweren Infanteriewaffen. Alle sind Freiwillige!

*

Zwei Tage war das Wetter schlecht. Die Truppe weiß, bei dieser schlechten Sicht können deutsche Kampfflugzeuge nicht in das Geschehen eingreifen. Die Berge sind zu hoch, um die Ziele finden zu können. Das sind aber die Tage für die Engländer und Norweger. Mit langsamen und uralten Doppeldeckern, die von den Deutschen als »müde Krähen« verspottet werden, kommen sie von einem Flugzeugträger oder einem norwegischen Flugplatz und werfen Bomben auf die deutschen Stellungen. Bombenzielgeräte haben sie nicht an Bord. Die deutsche Flugabwehr ist nur schwach, so dass sie niedrig fliegen können und ihre Bombenlast außenbords kippen.

Heute ist der Himmel wieder strahlend blau. Leichte Federwolken bieten sogar eine gute Deckung gegen schnelle englische Jäger, die von einem Flugplatz bei Harstad kommen und fast täglich Maschinengewehrangriffe gegen die deutschen Stellungen fliegen.

In der Frühe – der Unterschied zwischen Tag und Nacht schwindet immer mehr – brausen deutsche Kampfflugzeuge heran. Dort zwei, Minuten später eine Kette von Ju 88, eine Stunde später eine Staffel He 111 mit nördlichem Kurs. Eine Condor und eine Ju 90 werfen über Bjørnfjell mit Lastenschirmen Material ab, die einzige Möglichkeit, der kämpfenden Truppe Nachschub an Munition und Gerät zuzuführen. Es wird nicht still in den Bergen vom Lärm der Motoren. Weit in der Ferne hört man die Detonationen schwerer Bomben im Herjangsfjord. Kleine Sprengwolken englischer Flak stehen am Himmel.

»Tag der Luftwaffe ist heute!«, lachen die Männer in den Bergstellungen. »Hermanns Vögel helfen uns!«, rufen sie sich zu.

Mit jedem Tag nun wird die Präsenz der Luftwaffe stärker, da der Süden Norwegens nun fest in deutscher Hand liegt. Doch kann das reichen, um die Männer in Narvik zu retten? Noch immer wird um die Vorherrschaft über diese wichtige Hafenstadt erbittert gerungen. Die Alliierten denken nicht daran, Narvik aufzugeben. Und den Deutschen mangelt es an Soldaten, an Munition, an Verpflegung und – mehr als alles andere – an einer Seemacht, die es mit den gegnerischen Kriegsschiffen aufnehmen kann.

Bei der vordersten Linie einer deutschen Sicherung erschien eines Tages ein polnischer Überläufer. Stunden hatte er zwischen dem Feuer der beiden Fronten gelegen, bis er bei einer günstigen Gelegenheit mit einem weißen Handtuch in der Hand bei deutschen Gebirgsjägern in Deckung sprang. Beängstigt und erschöpft wurde der zwanzigjährige Pole aus Warschau zum Kompanieführer gebracht, dort über die den Gebirgsjägern gegenüberliegenden Feindkräfte vernommen und dann vom Stab des Wehrmachtbefehlshabers im Raum von Narvik weiter ausgefragt. Was dieser junge Pole mitgemacht hat, klingt unglaublich und zeugt vom Schrecken des Krieges, der die alte Dame Europa nun wieder in seinem Würgegriff hält. Durch alle Höllen der Neuzeit ist der arme Mann gegangen: Während des deutsch-polnischen Krieges floh er nach Ungarn. Die dortigen Behörden verhafteten ihn und wiesen ihn nach Frankreich aus. Dort wurde er in die polnische Armee eingezogen und gegen seinen Willen zum Heeresdienst gepresst.

Am 24. April fand er sich in Brest auf dem französischen Handelsdampfer *Columbia* wieder, zusammen mit mehreren polnischen Bataillonen. Der Dampfer war für den Kriegsdienst bewaffnet worden. Mehrere Tage lag er zusammen mit anderen Transportern im Firth of Clyde vor Glasgow vor Anker, bis er mit Kurs Nordnorwegen auslief. Einige Zeit stampften sie vor der Küste auf und ab, dann erfolgte die Landung bei Harstad, 60 Kilometer nördlich von Narvik. Mit Fischerbooten ging es weiter südlich nach Emmenes. Drei polnische Bataillone wurden hier in der Flanke Narviks angelandet und standen einer Kompanie österreichischer Gebirgsjäger bei Ankenes, jenseits der Bucht von Narvik, gegenüber. Neben ihnen französische Alpenjäger, hinter ihnen englische Truppen und Artillerie und ihrem Bataillon ein englischer Capitain zugeteilt, so zogen die Polen in den Kampf. Und unser junger Überläufer mitten unter ihnen.

Jener Überläufer beherrscht die deutsche und die englische Sprache so, dass man sich mit ihm ohne Dolmetscher gut verständigen kann. In gebrochenem Deutsch sagt er bei seiner Vernehmung: »Alle würden sie laufen rüber zu Deutschen, wenn sie nicht haben Angst, dass Deutsche schießen von vorn und Engländer schießen von hinten.« Immer wieder sei ihnen erzählt worden, dass die Deutschen jeden Kriegsgefangenen erschießen würden.

»Nein, unsere Kompanie kämpft nicht mit Enthusiasmus«, erklärt der Überläufer. »Wir wollen alle nach Hause.«

Und über die Stimmung der Franzosen und Engländer, mit denen er in den Wochen oft zusammen war, sagt er aus, dass sie ebenfalls keine große Lust hätten, hier in Norwegen ihr Leben zu riskieren. Zu groß scheint der Frust und die Angst ob der jüngsten Erfolge der Wehrmacht in Polen und Dänemark. Anders als der Große Krieg ist dieser Krieg ein Konflikt der Bewegung, und die deutschen Truppen legen ein wahnwitziges Tempo vor, dass den Alliierten ganz schwindelig werden muss. Der Offizier, der den Überläufer verhört, notiert fleißig jedes Wort, auch wenn er weiß, dass jener Pole sicherlich nicht für alle seine vormaligen Kampfgefährten spricht. Viele Polen brennen doch darauf, sich für die Niederlage daheim an den Deutschen zu rächen.

Es stellt sich heraus, dass der Überläufer von dem Sieg der deutschen Truppen in Süd- und Mittelnorwegen ebenso wenig weiß wie von dem erfolgreichen deutschen Durchbruch im Westen. Das Gegenteil erzählt man ihnen wohl. Ein englischer Offizier hat ihnen sogar mitgeteilt, dass Italien an der Seite Englands und Frankreichs gegen Deutschland kämpfen würde. Die Vernichtung zehn deutscher Zerstörer vor Narvik – zweifelsohne ein gewaltiger Schlag für die Kriegsmarine – wurde den polnischen Bataillonen hingegen in allen Einzelheiten dargelegt. Es wird eben nicht nur um Land gekämpft, sondern zugleich um die Köpfe der Menschen, um die Deutungshoheit über diesen Konflikt. Der Offizier ahnt, dass dieser Kampf auch nach Ende der militärischen Auseinandersetzung nicht vorbei sein wird.

*

In Oslo treten die Kommandeure mehrerer Bataillone österreichischer Gebirgsjäger vor ihre Männer.

»Die Lage der im Raum von Narvik kämpfenden Jäger und Matrosen ist schwierig. Sie werden von überlegenen Feindkräften hart bedrängt und müssen unbedingt Verstärkungen und Entsatz haben. Es gibt keine Bahnverbindungen dort herauf. Der Seeweg ist von starken englischen Streitkräften blockiert. Es ist daher geplant, Verstärkungen durch Fallschirmabsprung anzulanden. Aus unseren Bataillonen sollen sich Freiwillige melden. Vortreten, wer über Narvik springen will!«

Ein kurzes Überlegen.

»Wir müssen unseren Kameraden helfen!«, sagt der eine zum anderen, und dann treten viele Gebirgsjäger vor. Die Zahl der Freiwilligen ist größer als die der vorgesehenen Verstärkungen. Kompaniechefs und Zugführer nehmen eine strenge Auslese vor. Nur die Erfahrensten und Gesündesten werden ausgesucht und zu neuen Kompanien zusammengestellt. Alle wollen sofort in die Transportmaschinen und im Raum von Narvik springen. Die höheren Kommandostellen lehnen das im Interesse der Männer ab.

Für einige Tage geht es mit Flugzeugen zu einem Fallschirmjäger-Ersatzbataillon in die Heimat. Dort lernen die Gebirgsjäger die Technik des Springens vom flachen Hechtsprung aus der Maschine bis zum federnden Aufsprung und der Rolle über den Boden zum Abfangen der Wucht des Niedergehens. Mit Eifer sind die Gebirgsjäger dabei, für viele ist die neue Tätigkeit sehr aufregend. Zwei Sprünge machen sie noch in der Fallschirmjägerschule.

Genau eine Woche nach ihrem Start in Oslo singen wieder die schweren Motoren der Ju 52 ihr ehernes Lied über den norwegischen Fjorden, begleitet von Messerschmitt-Zerstörern, die wie schlanke Fische um den großen Verband spielen, an dem klaren und wolkenlosen Himmel niederstürzen und wieder hochjagen. Auf einem kleinen Landeplatz in Bjørnfjell, der norwegischen Grenzstation an der schwedischen Grenze, ist alles klar für den Sprung der Jäger. Im Gegensatz zu den Fallschirmjägern der Luftwaffe, die unter vollem Einsatz ihres Lebens im Rücken des Feindes landen, vollzieht sich der Absprung in Bjørnfjell ohne Feindeinwirkung. Dafür ist das Gelände sehr schlecht. Aus kleinen Schneeflächen springen schroffe Felsen hervor. Ein reißender Bach ergießt sich durch das Gelände. Einzelne Hütten stehen auf weichem Boden. Über diesem schwierigen Gelände müssen die Gebirgsjäger springen.

Die Waffenbehälter purzeln zuerst aus der Maschine. Ihnen folgen die ersten drei Springer. Sich überschlagend, schießen sie aus dem Flugzeug heraus und kommen in den Wirbel des Fahrtwindes, bis der sich öffnende Seidenschirm den Fall bremst. Dann pendeln die Männer zwischen Himmel und Erde hernieder, rudern mit Armen und Beinen und schauen sich den Landeplatz an.

»Beine zusammen!«, rufen die Kameraden von unten. Unheimlich schnell nähert sich dies Erde trotz des Fallschirmes. Die Beine werden zusammengenommen und leicht angewinkelt, um den Aufprall abzufangen.

Sie setzen auf, eine Rolle vor-, seit- oder rückwärts, so landet einer nach dem anderen. Jetzt heißt es: Schnell aufspringen und mit dem Fallschirm laufen, damit man nicht über den Boden geschleift wird und sich noch Verletzungen holt. Hilfsmannschaften der Kriegsmarine sind schon da, springen in die Schnüre und raffen den Schirm zusammen, damit die Kraft des Windes sich nicht mehr in ihm fängt. Kompanie auf Kompanie landet so im Raum von Narvik, wie in der Woche vorher auch mehrere Kompanien Fallschirmjäger der Luftwaffe über Bjørnfjell abgesprungen sind. Trotz des langen Anfluges und des Absprungs über dem schwierigen Gelände sind die »Joager« frisch. Sie sind voll ihres Erlebnisses. Sonst sehr zurückhaltend und schweigsam, schildern sie jetzt in lebendigen Farben die Schönheit des Absprungs. Die soldatische Leistung dieser Männer aus den Flecken, Dörfern und Städten Kärntens und der Steiermark ist ohne Beispiel. So tapfer und kühn die Tat ihres Absprungs ist, so groß sind die Herausforderungen, die vor ihnen liegen. Die Jüngsten unter ihnen begreifen noch gar nicht, was ihnen blüht. Im Augenblick überlegen sie, was sie bei einer späteren Parade für eine Uniform anziehen sollen: ausgebildet sind sie als Infanteristen und Gebirgsjäger, auf Einheiten der Kriegsmarine sind sie in stürmischer Fahrt überraschend zur norwegischen Küste vorgestoßen und als Fallschirmjäger der Luftwaffe sind sie im Raum von Narvik abgesprungen.

»Wi soan eben die Fallschirm-Gebirgsjoager-Marine«, meint einer der Männer, die schon nach wenigen Stunden gegen den Feind marschieren, um mit ihren Kameraden, den Zerstörerfahrern und Fallschirmjägern, die Stellungen in Narvik und entlang der Erzbahn gegen die überlegenen Feindkräfte zu verteidigen.

*

Auf der Höhe X im Raum Narvik, westlich des Jernsees, 13 Kilometer vom Schienenstrang der Erzbahn entfernt, liegt eine Gruppe österreichischer Gebirgsjäger vom Regiment des Oberst Windisch in Stellung. Ein Oberjäger und zwölf Mann halten seit Wochen Wacht in vorderster Linie. Ein schweres MG sichert die Talmulde und den sanft ansteigenden Bergrücken auf der gegenüberliegenden Seite. Zwei leichte Maschinengewehre, norwegische Beutestücke, verstärken links und rechts die Stellung und beherrschen zwei Senken, durch die sich der Feind heranschleichen könnte.

Zunächst hausten die Jäger in Schneehöhlen. Jetzt, in der Zeit der Schneeschmelze, beim Übergang vom

Winter zum Sommer hoch über dem nördlichen Polarkreis, haben sie sich aus geschlagenen Birkenstämmen, Moos und Teerpappe einen kleinen Unterstand gebaut. Er bietet dürftigen Schutz gegen Wind, Regen und Schneeböen.

Seit 14 Tagen, da der Feind in der Nacht zum Pfingstsonntage starke Truppenverbände in Bjerkvik am Herjangsfjord landete, wird der Druck auf diesen Teil der Front immer stärker. Tag und Nacht muss die Gruppe auf der Höhe ihren Bereich sichern. Wenn der Nebel in die Täler fällt und der milchig-weiße Dunst alle Sieht nimmt, heißt es besonders wachsam zu sein. An solchen Tagen oder Nächten, die um diese Jahreszeit oft kommen, hat der Feind mehrfach Stoßtrupps vorgeschickt oder Umgehungsversuche gemacht. Es ist gut, dass es jetzt Tag und Nacht fast gleich hell ist. Eine Stunde nach Mitternacht steht bei klarer Sicht der feurige Sonnenball wieder über den scharf geschnittenen Gipfeln der hohen Gebirgsmassive. Nur für kurze Zeit verschwindet er unter dem Horizont. Bald wird er Tag und Nacht über den kämpfenden Fronten stehen.

Die Gruppe aus der Höhe besitzt kein Batterierundfunkgerät. Sie will aber wissen, wie es in der Heimat und an den Fronten der anderen Kriegsschauplätze aussieht. Wenn der Melder zum Kompaniegefechtsstand geht, nimmt er Einblick in das Nachrichtenblatt der Division, macht sich Notizen, und in der Stellung sitzt er dann mit dem Kameraden über eine Karte gebeugt, die einer aus der Heimat mitgebracht hat. Mit Spannung verfolgen sie das siegreiche Vordringen der deutschen Truppen im Westen. Städte und Festungen fallen, Armeen lösen sich unter den Schlägen der Stukas und Panzer auf. In Eilmärschen geht es dort den strategischen Zielen zu.

In ihre Unterhaltung der Männer über den Krieg in Zentraleuropa, der entgegen vieler Befürchtungen ein Bewegungskrieg bleibt, belfert monoton ein MG der beiden norwegischen Kompanien, die ihrer kleinen Gruppe gegenüberliegen. 100 Meter vor ihnen krepieren Granaten, die der Norweger aus seinen Mörsern herüberschickt. Das ist nichts Außergewöhnliches Aus der Ferne dringt jetzt der Abschuss einer französischen 15-Zentimeter-Batterie. Östlich des Hartwigsees ist sie in Stellung gegangen. Mit Artilleriebeobachtung beschießen die Gegner planmäßig die von deutschen Truppen gehaltenen Höhen. Weit seitwärts der Stellung erfolgt der Einschlag. Das Echo der Detonation bricht sich vielfältig in den hohen Bergen.

Ein wenig neidisch denken die Gebirgsjäger an ihre feldgrauen Kameraden im Westen. Dort ist alles! Da sind Stukas, schwerste Panzer, Panzerspähwagen, Artillerie aller Kaliber, Ersatz an Truppen, Nachschub an Verpflegung und Munition. Sie hingegen stehen mit wenigen Rumpfbataillonen hier oben auf dem nördlichsten Kriegsschauplatz, über 2.000 Kilometer von der Heimat entfernt, stärksten Feindkräften gegenüber. Aber eines wissen sie: ihre Stellungen dürfen nicht durchbrochen werden! Es gibt hier oben keinen Bewegungskrieg. Hier heißt es zäh verteidigen. Hier kann nur der Soldat seinen Gegner niederhalten, ohne die Schlagkraft und Wucht stark eingesetzten Materials. Jeder ist auf sich selbst gestellt, den Feind abzuwehren oder bei günstiger Gelegenheit anzugreifen. So wie ein Oberjäger und zwölf Mann die Höhe X halten, so stehen sie überall an den Fronten im Raum von Narvik, eine Handvoll deutscher Soldaten im Vergleich zur Überzahl des Gegners. Bataillone Norweger, französischer Alpenjäger, Exilpolen und Engländer drücken auf die deutschen Fronten. Da ist es der *Kampfgruppe Narvik* nicht beschieden, große Schlachten zu schlagen, den Feind vor sich herzutreiben und Städte Nordnorwegens in Besitz zu nehmen. Aber in der Kriegsgeschichte wird man einst den kämpfenden Gebirgsjägern und Marinebataillonen nachsagen, dass sie Übermenschliches gegen den überlegenen Feind leisteten und Narvik und die Erzbahn wacker verteidigten.

*

Heute meldet der Heeresbericht wieder, dass die *Kampfgruppe Narvik* in schweren Abwehrkämpfen gegen ungeheuer überlegene Feindkräfte steht. Sechs Wochen geht schon dieser Kampf! An allen Fronten drückt der Gegner! Täglich klopfen die Gewehre.

In einer deutschen Stellung steht an einem frühen Morgen bei hellstem Tageslicht ein Kompanieführer der Gebirgsjäger. Seine Faust umklammert die Maschinenpistole, in die er Ladestreifen um Ladestreifen schiebt. Die Macht des Feindes ist aber zu groß, und ihr Angriff wird immer noch durch die Schiffsartillerie gedeckt und vorangetrieben. Kein Deutscher kann auch nur den Kopf aus der Deckung nehmen, ohne gleich beschossen zu werden. Mit knurrenden Mägen und nackter Angst im Nacken harren sie in ihren Stellungen dem Trommelfeuer des Gegners.

Der Kompanieführer gerät ins Stolpern, fällt. Langsam muss sich seine Einheit zurückziehen. Eine Abteilung der Französischen Fremdenlegionäre hat sich über die Höhen bis zur Sprungschanze von Narvik im

Rücken der Stadt durchschlagen können. Von rückwärts erhalten die deutschen Stellungen jetzt Feuer, das auch in die Stadt hineinschlägt. Auf der anderen Seite der Front, bei Ankenes, haben drei polnische Bataillone einen Großangriff begonnen. Die Stellungen sind drüben nicht mehr zu halten. Kämpfend weichen die dort liegenden Teile vor den polnischen Angreifern zurück. Viele Tote bleiben zurück, manch Gebirgsjäger und Matrose muss den bitteren Gang in die Kriegsgefangenschaft antreten. Vor allem von den Polen werden Gefangene nicht gerade freundlich empfangen.

Die Gefahr einer Einschnürung der deutschen Truppen in Narvik und den Bergstellungen wird immer größer. An beiden Flanken steht der Feind. Eine Rückzugsstraße ist nur noch entlang des Beisfjords offen. Die Erzbahn hat der Feind zum Teil schon in Besitz genommen. Die Beisfjordstraße liegt bereits unter polnischem MG-Feuer. Vier englische Zerstörer sind vor dem Fjord aufgefahren und richten ihre Geschütze drohend auf die Straße und die Berghänge rückwärts. Und im Rücken der Deutschen hat der Feind durch seine Übermacht bereits eine Stellung am Berghang oberhalb Naroil gewonnen. Im Gefechtsstand nimmt der Bataillonskommandeur des Abschnitts Narvik, Major Haußels, die Meldungen entgegen. In der Frühe des 28. Mai muss er sich nach erbittertem Widerstand, um die Gefahr einer Katastrophe zu vermeiden, entschließen, den Befehl zur Räumung Narviks zu geben. Gegen diese Übermacht ist nichts mehr auszurichten, ohne die vollständige Vernichtung der kämpfenden Verbände zu riskieren.

Schießend ziehen sich die wenigen Kompanien zurück. Bei Fagernes decken sie noch den Rücken der

Gebirgsjägerkompanien, die von den angreifenden drei polnischen Bataillonen fast aufgerieben worden sind. In Booten versuchen die Männer über den Beisfjord mit Waffen und Gerät überzusetzen. In sie hinein schlagen polnische MG-Garben. Mit den Gasmaskenbehältern schöpfen sie das Wasser aus den durch Kugeln leckgeschlagenen Booten. Fürchterliche Rufe pflanzen sich über den Fjord fort.

Nur ein Teil der Kompanie kann mit vollständiger Ausrüstung das jenseitige Ufer erreichen. Viele werden in den Booten verwundet oder getötet. Noch Tage später werden aufgequollene Leichname deutscher Soldaten angespült werden.

Durchlöcherte Boote sacken ab. Schwimmend erreicht der Rest noch das rettende Ufer. Unerbittert und doch scheinbar sinnlos war in den langen Wochen die Verteidigung dieser Männer gegen den Gegner. Geordnet vollzieht sich nun der Rückmarsch. Müde und zerschlagen, mit schwerem Gepäck, mit Waffen, Munition und Verpflegung erreichen die Männer nach 18 Stunden eine vorgesehene neue Verteidigungsstellung. Auch hier gibt es keine Ruhe! Sofort gehen die Gruppen oder SMG-Züge in Stellung, denn es ist zu erwarten, dass der Feind nachrückt.

Eine Nacht und einen Tag sind die Männer marschiert, ohne Verpflegung, immer kämpfend, immer unter feindlichem Artillerie- oder MG-Feuer. Jetzt haben sie einen Augenblick Pause. Wer weiß, wie lange ...?

Auf der anderen Seite Narviks, an der entlang des Rombakfjords die Erzbahn ihren Weg zur norwegisch-schwedischen Grenze nimmt, tobt ein erbitterter Kampf um die Gleise. Hartnäckig wird jeder Tunnel verteidigt. So stark die feindliche Macht ist, so groß sind die Verluste auf der Seite des Gegners und auch auf der deutschen Seite. Hier zahlen vor allem die geretteten Besatzungsmitglieder der deutschen Zerstörer ein weiteres Mal einen hohen Blutzoll für ein Stück Land und die Oberhand über die schwedischen Erzlieferungen, die das Oberkommando als kriegsentscheidend eingestuft hat.

Unaufhörlich hämmert die feindliche Schiffsartillerie weiter auf die deutschen Stellungen entlang der Erzbahn. Tunnel um Tunnel muss kämpfend aufgegeben werden. Rasch nach vorn geworfene Verstärkungen an Fallschirmjägern schaffen schon eine neue Verteidigungsstellung, an der dem Vordringen des Gegners Einhalt geboten werden soll. Noch einmal werden am anderen Tage die deutschen Stellungen bis zum Fluss zurückgenommen, weil sich hier eine weitaus günstigere Verteidigungsmöglichkeit bietet. Die Tage von der Landung bei Orneset bis zur Eroberung Narviks waren die härtesten. Alle Reserven sind in Stellung gegangen. Nachschubkompanien der Kriegsmarine, die aus den technischen Divisionen der Zerstörer zusammengestellt worden sind, liegen auf den Höhen vor Sildvik in Stellung, um ein weiteres Vordringen des Gegners zu verhindern.

Eine Schlechtwetterperiode setzt dann ein, wie sie in den zwei Monaten des Kampfes nur in diesen Tagen zu verzeichnen ist. Sturm peitscht die Höhen, unermüdlich tropft der Regen, Schneeböen fegen über die Felsen, auf denen Gebirgsjäger, Zerstörerfahrer und Fallschirmjäger in treuer Waffenkameradschaft in Stellung liegen. Nackter, schroffer Fels ohne Baum- und Strauchbestand beherrscht das Landschaftsbild, es erscheint den Männern wie eine menschenfeindliche Ödnis. In Felshöhlen, durch die das Wasser rieselt, suchen sie Schutz vor der Witterung. Der Kälte preisgegeben, die Marinesoldaten unzweckmäßig ausgestattet mit schlechtem Schuhwerk, ohne Mäntel, Decken und Zeltbahnen, so kämpfen sie mehr mit dem Unwetter als mit dem Gegner, dessen Operationen ebenso gelähmt werden.

Eine Unterstützung durch die Luftwaffe ist bei diesem Wetter nicht möglich. tider den in Nebel gehüllten Felskuppen hört man das Motorengeräusch mehrerer deutscher Kampfmaschinen, die darauf warten, dass die Wolfendecke einmal aufreißt.

*

Am 8. Juni stellt ein Spähtrupp in den frühen Morgenstunden fest, dass die gegenüberliegende Höhe feindfrei ist. Weitere Spähtrupps werden ausgesandt! Sie stoßen vor! Immer weiter! Ins Leere! Ein Spähtruppführer kehrt um. Nach der Karte muss er dicht vor Narvik stehen. Meldung an den Bataillonsgefechtstand: »Die Höhen sind nicht mehr vom Feind besetzt!«

Kurz entschlossen geben die Kommandeure Befehl, vorzurücken. Ein Spähtrupp soll Narvik erkunden. Es regnet in Strömen! Aber auf der Straße entlang des Beisfjords, auf der anderen Seite über die Schwellen der Erzbahn und über die Höhen rücken die Kompanien vor. Das große Wunder ist geschehen! So mögen vielleicht 1914 nach dem siegreichen deutschen Vormarsch die Feinde erstaunt gewesen sein, als die deutschen Armeen an der Marne zurückgingen, wie es jetzt der tapfere Haufen deutscher Soldaten nicht fassen kann, dass der Feind mit seiner ungeheuren Überlegenheit das Kampfgebiet um Narvik geräumt hat.

Jetzt ist alle Müdigkeit vergessen! Die Tage und Nächte, in denen die Männer vor Kälte und Nässe kein Auge schließen konnten, liegen hinter ihnen.

In den Abendstunden des 8. Juni rücken die ersten Vorhuten in Narvik ein. Elf Tage herrschte hier der Feind. Durch die heiß umkämpften Tunnels der Erzbahn ging der Weg. Bergeweise liegt noch zurückgelassener Proviant, zum Teil unbrauchbar gemacht. In jedem Tunnel stehen mehrere große Weinfässer. Die Böden sind zerschlagen und der Inhalt hat sich über die Schwellen ergossen. Es riecht süßlich nach Alkohol.

In Narvik laufen den Soldaten zahlreiche herrenlose Maultiere über den Weg. Mehrere Batterien englischer Flugzeugabwehrgeschütze – die Verschlüsse sind unbrauchbar gemacht – stehen noch in den Stellungen. Zugmaschinen, Kraftfahrräder, Proviant, Munition, alles liegt durcheinander. Die Absicht zum Rückzug scheint sehr plötzlich gekommen zu sein.

»Leutnant Gressel meldet Vorhut der 2. Gebirgsdivision nach vierzehntägigem Marsch von Süden angetreten.«

Ein junger Leutnant der Gebirgsjäger steht vor dem Kommandeur der 3. Gebirgsdivision, Generalleutnant Dietl. Er ist der Führer jener Vorhut, die über Land die Verbindung zwischen den beiden Gebirgsdivisionen herstellt und zur Entlastung der hart bedrängten Kampfgemeinschaften nach Norden marschieren sollte. Herzlich schüttelt ihm Generalleutnant Dietl die Hand.

»Na, seid's doch hinaus 'kommen!«

Vor ihm stehen 20 wettergebräunte ausgesuchte Gebirgsjäger. Sie sind voller Stolz und Hoffnung, denn ihr Auftrag ist erfüllt: die Verbindung mit der *Gruppe*

Narvik auf dem Landweg ist hergestellt. Das ist wenige Tage nach dem siegreichen Einzug der tapferen Verteidiger Narviks in die vom Feind geräumte Stadt. Und dann berichten der Führer dieser Vorhut und seine Männer: Von Sverford waren sie am 2. Juni mit 60 Mann aufgebrochen, mit zwei schweren Maschinengewehren und mehreren LMG, um für die nachfolgenden Bataillone den Weg nach Narvik aufzumachen. Die letzten Gefechte bei Bodø und Fauske hatte der Truppenteil hinter sich, als er den Auftrag erhielt, die Landverbindung mit der *Gruppe Dietl* herzustellen.

Ungekannte Anforderungen stellte der Marsch an jeden einzelnen der Soldaten. Sie marschierten nicht nur durch Feindesland, sondern mussten durch wegloses Gebirge einen Weg erkunden, der auch für die nachfolgenden größeren Truppenteile gangbar war. Wild und zerklüftet ist das Gebirge nördlich Bodøs. Keine Straße, keine Eisenbahn verbindet Nordnorwegen mit Mittelnorwegen. Alle Straßen und Eisenbahnstrecken führen über schwedisches Gebiet. Fjorde reichen bis unmittelbar zur norwegisch-schwedischen Grenze. Himmelstürmende Berge, tiefe Schluchten, zwischen ihnen reißende Gebirgsbäche, tiefe Seen und jäh abspringende Gletscher, Berggipfel, noch in Schnee und Eis gehüllt – das ist die Landschaft zwischen Fauske und Narvik. Nur aus der Notlage der *Gruppe Narvik* musste der Entschluss gefasst werden, mit Truppen über dieses weglose Gebirge nach Norden vorzustoßen. Bis Hellemobotn, der Hälfte des Weges, war Leutnant Gressel mit seinen 60 Mann gedrungen, als ihn über seine Funkverbindung die Nachricht von der Kapitulation Nordnorwegens erreichte.

Sollten jetzt alle Strapazen umsonst gewesen sein ...?

Er fasste den Entschluss, mit 20 ausgesuchten Männern weiter nordwärts zu marschieren. Er wollte beweisen, dass sein Unternehmen *Büffel*, wie diese Aktion genannt wurde, doch schaffbar ist. So führte ihn sein Weg weiter über Gletscher und Felsen. Gebirgsseen wurden durchschwommen, Notbrücken über Wildbäche geschlagen. Tag für Tag rückte sein Trupp Narvik näher. Fjorde wurden auf mitgebrachten kleinen Schlauchbooten überquert. Die Männer trieb der Ehrgeiz voran, ihren Kameraden von der 3. Gebirgsdivision die Hand reichen zu können, wenn jetzt auch dort oben Frieden ist. Und in jenem Händedruck soll die Versicherung liegen: wir wären alle gekommen, wenn es euch noch weiter so dreckig gegangen wäre.

Die Männer, die in den Wochen der Abwehrkämpfe der *Gruppe Narvik* in Stellung lagen, die sich täglich der ungeheuren Übermacht gegenübersahen, für die war der Anmarsch von Teilen der 2. Gebirgsdivision, das »Unternehmen Büffel«, eine Hoffnung, diesen ungleichen Kampf um Narvik doch zu überstehen, vielleicht sogar siegreich zu überstehen. Wie oft drehten sich in den Steinhöhlen oder Erdlöchern die Unterhaltungen darum, wieweit wohl die 2. Division auf ihrem Marsch nach Norden sein könne? Nur auf dem Landwege von Mittelnorwegen konnte Verstärkung kommen, das wussten alle, oder ein Wunder musste geschehen.

Und das Wunder ist geschehen, als am 8. Juni der Feind seine Stellungen räumte und das Kampfgebiet Narvik aufgab.

In jenen Tagen marschierte aber die Gruppe Gressel weiter. Transportflugzeuge hatten Lebensmittel auf vorher festgelegten Lagerplätzen abgeworfen. Acht Tage herrschten Nebel und Schneesturm. Zwei Tage war kein Fortkommen. Die Proviantzufuhr war durch die schlechte Wetterlage unmöglich. Wilde Schafe und Lämmer wurden geschossen, damit der Trupp Verpflegung hatte. Der stolzeste Tag aller ist jetzt da, da sie Generalleutnant Dietl, der für viele der Landser ein Vorbild ist und als volkstümlich gilt, in die Augen schauen können.

Wir haben es geschafft, können sie nun sagen, und nach uns wären die Bataillone gekommen und hätten euch herausgehauen!

Der Kommandeur ihrer Gebirgsdivision, Generalleutnant Feuerstein, befindet sich an diesem Tag auch in Narvik. Gemeinsam mit Dietl steht er vor der Gruppe des Leutnant Gressel und spricht ihr seine Anerkennung für diese einzigartige soldatische Leistung aus. Allen verleiht er das Eiserne Kreuz II. Klasse, dem Führer der Unternehmung das EK I. Singend marschieren die Männer zurück in ihr Quartier in Narvik, stolz, so ausgezeichnet zu sein. Man kann es nicht fassen, wenn man durch die Straßen der Stadt geht, die überall noch die Spuren der harten Kämpfe tragen, dass jetzt Friede ist. Zerschossene Häuser mit rußgeschwärzten Mauern sind Zeuge eines Machtkampfes europäischer Großmächte, der auf dem Rücken eines kleinen skandinavischen Volkes ausgefochten wird. Seit dem Tag des Seegefechts vor Narvik mit so katastrophalem Ausgang stampften vor dem Hafen und im Rombaksfjord entlang der Erzbahn englische Kriegsschiffe auf und ab. Wo schwerste englische Schiffsgeschütze die deutschen Stellungen um Narvik unter Feuer nahmen, standen gerade einige 2-Zentimeter-Flamaschinenwaffen unter einem Kommando der Flakartillerie zur Abwehr bereit. Der vielfachen Überlegenheit der englischen Maschinenflak konnten nur schwere Maschinengewehre der Gebirgsjäger oder Matrosen antworten. Überlegen war der Gegner in Truppenzahl, Waffen und Nachschub. Und er hätte die deutsche *Kampfgruppe Narvik* letztlich wohl auch ausgelöscht, hätten Ereignisse andernorts in Europa ihn nicht gezwungen, abzuziehen.

Als der Feind an jenem 28. Mai mit stärksten Kräften unter Feuerschutz durch englische Schiffsartillerie in unmittelbarer Nähe Narviks an der Erzbahn landete, zogen sich die Verteidiger Narviks auf eine neue Stellung zurück und hielten sie wieder so lange, bis der Gegner die Aussichtslosigkeit seines Unternehmens einsah.

Unzählig sind die Beispiele härtesten Ringens an den Fronten im Raum von Narvik. Das spürt man auch, wenn man in den Straßen der zerschossenen Stadt in die Gesichter der Männer schaut, die zwei Monate lang Träger des Kampfes um Hafen und Erzbahn waren. Junge Gesichter sind in diesen Wochen alt geworden. Wenige Tage Waffenruhe haben die Spuren der Entbehrungen noch nicht gelöscht. Nur die Augen, die schon stumpf und müde geworden waren, leuchten jetzt wieder frisch und hell. Sie liegen jetzt in ihren Quartieren und haben Ruhe: Gebirgsjäger, gerettete Zerstörerbesatzungen, Flakartilleristen, Fallschirmjäger und Marineartilleristen. Sie sprechen nur wenig über die langen Wochen, die hinter ihnen liegen, Wochen ohne Ablösung, ohne warme Verpflegung, Wochen in Fels und Erdlöchern, in Sonnenschein und Schneestürmen, Wochen ohne Munitionsnachschub und mit täglich großen Verlusten.

Man braucht nur auf eine der vielen Höhen zu steigen und Umschau zu halten. Überall auf den Bergen, die zum Teil noch mit Schnee und Eis bedeckt sind, liegen deutsche Soldaten begraben. Denn wenn der Feind stürmte, seine Granatwerfer und Gebirgsgeschütze in die eigene Stellung schlugen, der Deutsche wich nicht von seinem Maschinengewehr. Ganz nah ließ er den Gegner herankommen; mit der Munition musste gespart werden – und oft nur auf Handgranatenwurfnähe peitschten deutsche MG-Garben in die feindlichen Reihen. Häufig sind Angriffe der Gegner unter schweren Verlusten abgeschlagen worden. Die Köpfe der Männer auf beiden Seiten waren von der Propaganda ihrer Regierungen vergiftet – eine Propaganda, die rechtschaffene Menschen dazu anstiftet, einander auf primitivste Weise das Leben zu nehmen. Erst nach einiger Zeit im furchtbaren Krieg erkennen viele, welchen Lügen sie aufgesessen waren. Dann aber ist es zu spät.

Wenn der Feind hier und da in die deutschen Linien einbrechen konnte, lagen die Verteidiger oft in ihren Stellungen, erschöpft, hungrig, übermüdet, wurden gefangengenommen oder mit dem Gewehrkolben erschlagen. So hart die Kämpfe waren, so wütend waren auch die Gegner, unter ihnen Norweger, französische Fremdenlegionäre und Alpenjäger, Polen und Engländer, in deren Gehirnen die jüngsten Erfolge der deutschen Wehrmacht und die Leiden des Großen Krieges noch sehr präsent sind.

»Norwegen hat kapituliert, der Gegner verlässt seine Stellungen!« Sie haben es alle nicht glauben wollen, als Fernsprecher und Funk diese Meldung an die Kompanien durchgaben. Erst als sie ins Leere vorstießen, als sie spürten, der Feind ist gewichen und die wochenlange Umklammerung hat sich von ihnen gelöst, da verebbte die Erschöpfung und es wurde der Wunsch wach, jetzt den Gegner noch auf dem Rückzug zu fassen. Es ist aber an jenem denkwürdigen 8. Juni 1940, zwei Monate nach der deutschen Landung in Narvik, nirgends mehr zu einer Feindberührung gekommen. Elf Tage hatten französische Fremdenlegionäre Narvik und einen Teil der Erzbahn in ihrem Besitz; diese Herrschaft ist nun vorüber.

Die *Gruppe Narvik* besaß keine Tanks und Panzerwagen wie der Gegner. Noch nicht einmal Artillerie außer wenigen Granatwerfern waren vorhanden. Schwere und mittlere Flak fehlte vollständig. Nur wenige Flamaschinenwaffen konnten von den Zerstörern geborgen werden. Aber trotz dieser Unterlegenheit hieß der Befehl des Generals ohne Rücksicht auf Menschenleben immer wieder: »Die Stellungen müssen unter allen Umständen gehalten werden!« Und sie sind trotz der erdrückenden Übermacht im Glauben daran gehalten worden, dass irgendwie Hilfe kommen wird. Der Abwehrkampf war verzweifelt, davon legt die große Zahl der Gefallenen Zeugnis ab.

ENDE

Ihre Zufriedenheit ist unser Ziel!

Liebe Leser, liebe Leserinnen,

hat Ihnen unser Buch gefallen? Haben Sie Anmerkungen für uns? Kritik? Bitte zögern Sie nicht, uns zu schreiben. Wir werden jede Nachricht persönlich lesen und beantworten.

Schreiben Sie uns: info@ek2-publishing.com

Wussten Sie schon, dass Sie uns dabei unterstützen können, deutsche Militärliteratur sichtbarer zu machen? Bitte nehmen Sie sich einen Moment Zeit und bewerten Sie dieses Buch online. Viele positive Rezensionen führen dazu, dass das Buch mehr Menschen angezeigt wird.

Sie können somit mit wenigen Minuten Zeitaufwand unserem kleinen Familienunternehmen einen großen Gefallen tun. Vielen Dank für Ihre Unterstützung!

PS: In seltenen Fällen kommt ein Buch beschädigt beim Kunden an. Bitte zögern Sie in diesem Fall nicht, uns zu kontaktieren. Selbstverständlich ersetzen wir Ihnen das Buch kostenlos.

ÜBER DEN NÄCHSTEN BAND

Landser im Weltkrieg – **Operation „Husky"** erscheint im Monat Januar als E-Book und Taschenbuch überall, wo es Bücher gibt!

Schnell hetzt der Sanitätsdienstgrad aus dem Deckungsloch in Richtung des Verwundeten. Rund um ihn herum spritzen kleine Staubfähnchen auf. Wie ein gejagtes Tier läuft der Unteroffizier im Zickzack um sein Leben. Mit einem langen Satz springt er in den Graben, in dem der Verwundete liegen muss.

Busch fällt ein Stein vom Herzen.

Doch er hat keine Zeit länger zu beobachten, was mit den beiden Landsern geschieht.

Schon klemmt er sich wieder hinter seine MP 40 und gibt hämmernde Feuerstöße auf die Angreifer ab.

Nach einigen Minuten rutscht der Sani in das Panzerdeckungsloch seines Kompaniechefs.

„Hinterleitner ist tot. Sein rechtes Bein und der rechte Arm wurden ihm abgerissen – ist unter meinen Händen gestorben."

Busch schaut den Sanitätsdienstgrad entgeistert an. Jetzt erst fallen ihm die blutigen Hände von Unteroffizier Fiedler auf.

„Ausgerechnet Hinterleitner – der erfolgreiche Panzervernichter – er hatte sich erst vor einer Woche ferntrauen lassen und stand ganz oben auf der Urlauberliste", geht es dem Hauptmann durch den Kopf.

Hauptmann Ottfried Busch wischt sich nun mit der rechten Hand über sein verstaubtes Gesicht.

KEINE NEUERSCHEINUNG VERPASSEN

UND GRATIS E-BOOK SICHERN!

Tragen Sie sich in den Newsletter von EK-2 Militär ein, um über aktuelle Angebote und Neuerscheinungen informiert zu werden und an exklusiven Leser-Aktionen teilzunehmen.

Als besonderes Dankeschön erhalten Sie <u>kostenlos</u> das E-Book »Die Weltenkrieg Saga« von Tom Zola. Enthalten sind alle drei Teile der Trilogie.

Link zum Newsletter:
https://ek2-publishing.aweb.page

Über unsere Homepage:
www.ek2-publishing.com

Landser im Weltkrieg

kaufen!

Direkt zur Serie:

Eine Veröffentlichung der EK-2 Publishing GmbH

Friedensstraße 12
47228 Duisburg
Registergericht: Duisburg
Handelsregisternummer: HRB 30321
Geschäftsführerin: Monika Münstermann

E-Mail: info@ek2-publishing.com
Homepage: www.ek2-publishing.com

Alle Rechte vorbehalten

Cover/Umschlag: Kayla Pelgrim
Autor: H. Möllmann
Lektorat: Martina Wehr
Buchsatz: Heiko Piller

1. Auflage

Druckhinweis:

Libri Plureos GmbH

Friedensallee 273

22763 Hamburg